CITY|TRIP

LUXEMBURG

INHALT

EXKURSE ZWISCHENDURCH

Joscha Remus

CITY|TRIP
LUXEMBURG

NICHT VERPASSEN!

2 BOCKKASEMATTEN [F3]
Die unterirdischen, 17 km langen Galerien durchziehen große Teile der Festungsfelsen Luxemburgs. Besichtigen kann man die labyrinthartigen Kasematten allerdings nur zwischen März und Oktober (s. S. 61).

3 CORNICHE [E3]
Der Schriftsteller Batty Weber nannte diesen entlang der alten Festungsmauer verlaufenden Weg den „schönsten Balkon Europas". Und in der Tat ist der weite Blick von hier hinunter ins Tal der Alzette atemberaubend (s. S. 63).

6 FISCHMARKT [E3]
Am ältesten Platz der Stadt, dem ehemaligen Kreuzungspunkt zweier Römerstraßen, entsteht seit einigen Jahren ein spannendes Szeneviertel – neue Lokalen in historischen Altstadtgebäuden (s. S. 65).

7 MUSÉE NATIONAL D'HISTOIRE ET D'ART [E3]
Im größten gläsernen Aufzug Europas geht es durch historisches Gemäuer zu den Ausstellungsräumen dieses beeindruckenden Museums, das sich der Geschichte der Stadt Luxemburg widmet (s. S. 70).

10 PLACE D'ARMES [D3] UND KNUEDLER [D3]
17 Die beiden einladenden Plätze bilden bereits seit einigen Jahrhunderten den Mittelpunkt der Stadt. Hier finden Märkte, Konzerte und Feste statt, hier pulsiert das Leben (s. S. 73 u. S. 78).

18 KATHEDRALE NOTRE-DAME [E4]
Als Wahrzeichen der Stadt prägt die spätgotische Liebfrauenkathedrale von 1613 die Silhouette Luxemburgs. Besonders sehenswert sind die glanzvolle Empore und die Krypta mit der Fürstengruft (s. S. 79).

35 ABTEI NEUMÜNSTER [F3]
Die wunderschön im Tal gelegene Abtei zählt zu den geschichtsträchtigsten Gebäudeensembles Luxemburgs. Von hier sollte man unbedingt Erkundungsgänge durch das historische Herz der Stadt beginnen: dem Grund (s. S. 93).

40 PHILHARMONIE [G1]
Der futuristisch anmutende Bau, dessen Fassade einem weißen Säulenwald gleicht, ist Stätte zahlreicher spannender Veranstaltungen (s. S. 100).

41 MUDAM [F2]
Das Museum für moderne Kunst gehört architektonisch zu den spektakulärsten Gebäuden der Stadt. Auf keinen Fall sollte man die Röntgenbilder-Kapelle von Wim Delvoye verpassen (s. S. 102)!

Leichte Orientierung mit dem cleveren Nummernsystem
Die Sehenswürdigkeiten der Stadt sind zum schnellen Auffinden mit **fortlaufenden Nummern** versehen. Diese verweisen auf die ausführliche Beschreibung **im Kapitel „Luxemburg entdecken"** und zeigen auch die genaue Lage **im Stadtplan**.

IMPRESSUM

Joscha Remus
CityTrip Luxemburg

erschienen im
REISE KNOW-HOW Verlag Peter Rump GmbH,
Osnabrücker Str. 79, 33649 Bielefeld

© Peter Rump
1. Auflage 2011

Alle Rechte vorbehalten.

ISBN 978-3-8317-1919-8
PRINTED IN GERMANY

Herausgeber und Gestaltungskonzept:
Klaus Werner
Lektorat: amundo media GmbH
Layout: Günter Pawlak (Umschlag),
Anna Medvedev (Inhalt)
Fotos: Joscha Remus (jr), Roger Leiner (rl)
Karten: Ingenieurbüro B. Spachmüller,
amundo media GmbH
Druck und Bindung:
Fuldaer Verlagsanstalt GmbH & Co. KG

Dieses Buch ist erhältlich in jeder Buch-
handlung Deutschlands, der Schweiz,
Österreichs, Belgiens und der Niederlande.
Bitte informieren Sie Ihren Buchhändler
über folgende Bezugsadressen:
Deutschland: Prolit GmbH, Postfach 9,
D-35461 Fernwald (Annerod)
sowie alle Barsortimente
Schweiz: AVA-buch 2000, Postfach,
CH-8910 Affoltern
Österreich: Mohr Morawa Buchvertrieb
GmbH, Sulzengasse 2, A-1230 Wien
Niederlande, Belgien: Willems
Adventure, www.willemsadventure.nl

Wer im Buchhandel trotzdem kein Glück
hat, bekommt unsere Bücher auch über
unseren Büchershop im Internet:
www.reise-know-how.de

BENUTZUNGSHINWEISE

CITY-FALTPLAN

Die im Buch beschriebenen Örtlichkeiten wie Sehenswürdigkeiten, Restaurants, Hotels, Cafés usw. sind im Kartenmaterial mit Symbol und Nummer eingetragen.

Ortsmarken mit fortlaufender Nummer, aber ohne Angabe des Planquadrats liegen außerhalb des im Buch abgebildeten Kartenmaterials. Sie können aber wie alle im Buch beschriebenen Örtlichkeiten leicht in unseren speziell aufbereiteten Internet-Karten lokalisiert werden (siehe hintere Umschlagklappe).

ORIENTIERUNGSSYSTEM

Zur schnelleren Orientierung tragen alle Hauptsehenswürdigkeiten und Lokalitäten die gleiche Nummer sowohl im Text als auch im Kartenmaterial:

35 Die Hauptsehenswürdigkeiten werden im Abschnitt „Luxemburg entdecken" beschrieben und mit einer fortlaufenden magentafarbenen Nummer gekennzeichnet, die auch im Kartenmaterial eingetragen ist.

Stehen die Nummern im Fließtext, verweisen sie auf die jeweilige Beschreibung der Sehenswürdigkeit im Kapitel „Luxemburg entdecken".

85 Mit Symbol und fortlaufender Nummer werden die sonstigen Lokalitäten wie Cafés, Geschäfte, Hotels, Infostellen usw. gekennzeichnet.

[F4] Die Angabe in eckigen Klammern verweist auf das Planquadrat im Kartenmaterial, in diesem Beispiel auf das Planquadrat F4.

BEWERTUNG DER SEHENSWÜRDIGKEITEN

★★★ auf keinen Fall verpassen
★★ besonders sehenswert
★ wichtige Sehenswürdigkeit für speziell interessierte Besucher

DER AUTOR

Joscha Remus wuchs in der Eifel auf und kennt Luxemburg seit frühester Jugend. Bedeutendstes Erweckungserlebnis war das Konzert von Chick Corea und Herbie Hancock in der Kathedrale in Echternach am 5. Juli 1979. Seitdem hat er das Land und seine Hauptstadt immer wieder intensiv bereist und lernte die Landessprache Luxemburgisch, die der Sprachliebhaber als eine der schönsten Sprachen der Welt bezeichnet. Aus diesem Grund findet sich inmitten des 15-bändigen Œuvre des Schriftstellers, Autors und Reisejournalisten auch ein Sprechführer Lëtzebuergesch (REISE KNOW-HOW Verlag).

Außer Reise-, Kultur- und Sprachführern verfasst Joscha Remus auch Erzählungen sowie Reportagen, u.a. für DIE ZEIT und ZEIT-WISSEN. Zudem ist er Autor hörenswerter Radiofeatures für den SWR 2.

DANKSAGUNG

Für ihre freundliche Unterstützung und Hilfe bei der Erarbeitung des Buches dankt der Autor Jean-Claude Conter und Pit Gelz vom ONT und Cathy Giorgetti vom LCTO.

SCHREIBEN SIE UNS

Dieser CityTrip-Band ist gespickt mit Adressen, Preisen, Tipps und Infos. Nur vor Ort kann überprüft werden, was noch stimmt, was sich verändert hat, ob Preise gestiegen oder gefallen sind, ob ein Hotel, ein Restaurant immer noch empfehlenswert ist oder nicht mehr usw. Unsere Autoren sind zwar stetig unterwegs und erstellen alle zwei Jahre eine komplette Aktualisierung, aber auf die Mithilfe von Reisenden können sie nicht verzichten.

Darum: Schreiben Sie uns, was sich geändert hat, was besser sein könnte, was gestrichen bzw. ergänzt werden soll. Wenn sich die Infos direkt auf das Buch beziehen, würde die Seitenangabe uns die Arbeit sehr erleichtern. Gut verwertbare Informationen belohnt der Verlag mit einem Sprechführer Ihrer Wahl aus der über 220 Bände umfassenden Reihe „Kauderwelsch".

Bitte schreiben Sie an:
REISE KNOW-HOW Verlag Peter Rump GmbH, Postfach 140666, D-33626 Bielefeld, oder per E-Mail an: info@reise-know-how.de

Danke!

Latest News
Unter **www.reise-know-how.de** werden regelmäßig aktuelle Ergänzungen und Änderungen der Autoren und Leser zum vorliegenden Buch bereitgestellt.
Sie sind auf der Produktseite dieses CityTrip-Titels abrufbar.

AUF INS VERGNÜGEN

002lu Abb.: ir

LUXEMBURG AN EINEM WOCHENENDE

Ein richtiger luxemburgischer Fremdenführer würde die Besucher der Stadt sicherlich mit einem herzlichen „Moïen" begrüßen. Ein übrigens ganztägiger Gruß, der durchaus nicht nur auf den Morgen beschränkt ist. Und da die Sehenswürdigkeiten der Stadt Luxemburg auf überschaubarem Areal zusammenliegen und sich bequem zu Fuß erreichen lassen, gibt es zur Eile wirklich keinen Anlass.

Insbesondere in den Sommermonaten liegt ein Hauch von **französisch-mediterraner Gelassenheit** über der Stadt. Hier hat man Zeit. Die Luxemburger lieben es, ausgiebig und lange in Cafés zu sitzen, zu essen, zu trinken, Zeitung zu lesen und ein wenig zu plaudern. Am schönsten wäre es freilich, wenn man sich als Besucher diesem sanft plätschernden Zeitstrom wochenlang hingeben könnte. Doch auch wer nur zwei Tage Zeit hat, kann – ohne jede Hektik – in Luxemburg eine Menge sehen und erleben, wie der nachfolgende Vorschlag für einen effektiven Bummel zeigt.

1. TAG

Einen Luxemburg-Aufenthalt beginnt man am besten mit einem französisch geprägten **Frühstück im Gëlle Klack** (s. S. 69), der Brasserie des Hotels Parc Beaux Arts in der Altstadt, am alten Fischmarkt ❻. Hier gibt es ab 10 Uhr eine breite Auswahl an frisch zubereiteten Speisen und Getränken zu akzeptablen Preisen.

◀ *Vorseite: Seifenblase oder nicht? Schüchterner Test eines jungen Zuschauers beim Festival Summer in the City (s. S. 12)*

Außerdem erwirbt man als Gast das Anrecht darauf, sich die archäologischen Ausgrabungsstätten im Keller des Hauses zeigen zu lassen. Von der Brasserie sind es nur 5 Fußminuten hinunter zum **Bockfelsen** ❶, dem eigentlichen „Geburtsort" Luxemburgs, an dem Siegfried vor über 1000 Jahren seine Burg errichten ließ. Der Bockfelsen ist ein hervorragender Orientierungspunkt, von dem aus man eine herrliche Aussicht über die Stadtteile Pfaffenthal, Clausen und Grund genießt. Von März bis Oktober kann man sich gleich an Ort und Stelle die **Bockkasematten** ❷ ansehen, die Luxemburg den Beinamen „Gibraltar des Nordens" eingebracht haben. Eine Führung durch die Labyrinthe der unterirdischen Festungsgalerien dauert etwa eine Stunde.

Danach führt ein Gang entlang der **Corniche** ❸ zu den hängenden Gärten der Stadt bis hinüber zur **Heiliggeist-Zitadelle** ❷⓿. Von hier aus sind es etwa 10 Fußminuten zum Herzen von Luxemburg, den beiden durch Galerien und Sträßchen miteinander verbundenen zentralen Plätzen. Sowohl am **Place Guillaume II.** ❶⓿ als auch am **Place d'Armes** ❿ findet man zahlreiche empfehlenswerte Restaurants, in denen man ein Mittagessen zu sich nehmen kann.

Die angrenzenden Straßen Rue de la Poste, Grand-Rue oder Avenue Monterey laden mit eleganten Mode- und Lifestyleboutiquen, Designgeschäften und Buchhandlungen zum **Shopping** ein. Wer sich anschließend ein wenig entspannen möchte, kann dies u. a. in den plüschigen roten Sesseln des Art Café (s. S. 28) tun.

Nach dem Besuch der **Kathedrale** ❶⓼, des erstaunlichen **National-**

museums **7** oder nach einem Altstadtbummel lässt sich der Tag wunderbar mit einem **Konzert in der Philharmonie** **40** oder bei einem Glas Wein in einem der Altstadtlokale im Grund beenden. Keinesfalls entgehen lassen sollte man sich eine der dortigen urigen Kneipen, beispielsweise das **Café des Artistes** (s. S. 31). Hier kommt man mit Sicherheit mit den „Ureinwohnern" Luxemburgs in Kontakt. Wer die landestypische Küche probieren möchte, sollte dies an einem Samstagabend in der Oberstadt tun – beispielsweise im gemütlichen Restaurant **Am Tiirmschen** (s. S. 22). Sonntags sind die meisten Restaurants in der City geschlossen!

▲ *Blick auf die Abteikirche Sankt Johann (siehe* **35***) in der Unterstadt*

2. TAG

Der Sonntag ist der mit Abstand ruhigste Tag in Luxemburg-Stadt. Wenn nicht gerade eines der überaus zahlreichen **Sommerfestivals** oder ein Jahrmarkt stattfindet, ist in der City nicht viel los. Zu allem Überfluss haben auch viele Cafés am Sonntag geschlossen. Doch keine Sorge, im Sommer gibt es an fast jedem Sonntag irgendein **kostenloses Open-Air-Konzert** in der Stadt. Und frühstücken kann man entweder in seinem Hotel oder man brunchet zu Lesungen, Theater oder Livemusik im Nationaltheater (s. S. 36) oder geht zum **Frühstücks-Apéro-Jazz** in die Abtei Neumünster **35**. Einen der schönsten Frühstücksausblicke hat man mit Sicherheit ab 11.30 Uhr von der **Terrasse des Café Français** (s. S. 26) am Place d'Armes.

Von jedem Punkt der Altstadt sind es nur einige Minuten zum Lift

(s. S. 59) hinunter in die Unterstadt Grund. Wer lieber laufen möchte, kommt über verschiedene Wege hinunter ins Tal. Auch unten an den Ufern der Flüsse Pétrusse und Alzette finden sich eine Reihe gut erhaltener Bauwerke der ehemaligen Festung. Der ganz besondere Reiz der **Unterstädte Grund, Clausen und Pfaffenthal** sind jedoch die idyllischen dörflichen Häuschen, die Mühlen und hängenden Gärten, in denen teilweise sogar noch Wein angebaut wird.

Wer sich intensiver für die Geschichte der Stadt interessiert, dem sei der **Wenzel-Rundweg** (s. S. 125) ans Herz gelegt, der 1000 Jahre Stadtgeschichte in 100 Minuten verspricht. Auf diesem touristischen Weg bieten sich dem Besucher prächtige Panoramasichten über die Täler der Alzette und Pétrusse. Der Rundweg beginnt am **Bockfelsen** ❶ und führt u. a. zur archäologischen Krypta, in der die Gründung der Stadt dokumentiert wird, und zur barocken Kirche St. Johann der Abtei Neumünster, dann weiter über alte Stadtmauern durch die Unterstädte Grund und Pfaffenthal und endet am **Fort Thüngen** ❷ auf dem Kirchberg-Plateau.

Der **Kirchberg** hat auch kulinarisch Reizvolles zu bieten und so ist eine Pause im La Plaza Restaurant des Meliá Hotels (s. S. 128) sicherlich sinnvoll. Weitere Highlights des Hochplateaus Kirchberg sind die **Philharmonie** ❹ und vor allem das **MUDAM** ❹, das Museum für Gegenwartskunst. Diese sehr eindrucksvollen Gebäudeensembles liegen nur wenige Gehminuten voneinander entfernt. Vom Rand des Kirchberg-Plateaus aus bieten sich fantastische Ausblicke auf die Felsen und Täler der landschaftlich eindrucksvollen Hauptstadt.

Zum Ausklang des Tages empfiehlt sich ein **Besuch der gehobenen Gastronomie**, z. B. des Restaurants Ikki (s. S. 27) im Stadtteil Clausen (französisch-japanisch) oder des Goethe Stuff (s. S. 25) (elsässische Küche) in der Altstadt. Wer dann noch Zeit und Lust hat, sollte sich auf keinen Fall den **schönsten Blick auf die nächtliche Stadt** in der stimmungsvollen, hoch gelegenen Bar des Sofitel (s. S. 128) entgehen lassen.

◀ *Der im Tal gelegene Stadtteil Grund bietet viele interessante Einblicke in die Stadtgeschichte*

ZUR RICHTIGEN ZEIT AM RICHTIGEN ORT

Die Feste und Veranstaltungen der Stadt Luxemburg sind vom monarchischen, katholischen und bäuerlichen Hintergrund geprägt. Vermehrt werden, vor allem im Sommer, in der Altstadt und in der Unterstadt Grund aber auch internationale Musikfestivals und Events etabliert.

Einen guten Überblick über aktuelle Ereignisse findet man auf der Website des nationalen Landesverkehrsamts Luxemburg: www.ont.lu.

FEBRUAR

❯ **Fastnacht** oder luxemburgisch **Fuesent:** Karneval mit großem Umzug durch die Stadt. Unbedingt probieren: Das aus Hefeteig gebackene Fastnachtsgebäck namens „Nonnenfürze" *(Nonnefascht).*

❯ **Burgbrennen** oder luxemburgisch **Buergbrennen** bezeichnet nicht etwa die Entzündung einer Burg. Vielmehr geht das luxemburgische Wort *Buerg* auf das lateinische Verb *comburere* (für „verbrennen") zurück. Zu diesem Fest errichtet man am ersten Sonntag nach Fastnacht am Rande der Städte und Gemeinden, falls möglich auf einem weithin sichtbaren Hügel, ein Kreuz aus Holz und aus Stroh, das bei Einbruch der Dunkelheit in einem großen Feuer entfacht wird und symbolisch den Winter verbrennt.

EXTRATIPP

Tonvögelchen fürs Trommelfell
Am Ostermontag findet das **Emaischen** statt, ein Volksmarkt in der Altstadt, auf dem traditionell Péckvillchen verkauft werden: Pfeifen in Vogelform, mit denen man, so die Luxemburger, schönes Wetter herbeipfeifen und unliebsame Menschen vertreiben kann.

MÄRZ

❯ **Brezelsonntag** oder luxemburgisch **Bratzelesonndeg:** Bei diesem Osterbrauch verschenken junge Männer eine Brezel an die Mädchen, die ihnen gefallen. Diese revanchieren sich, falls die Sympathie erwidert wird, mit einem Osterei.

❯ **Musikalischer Frühling:** Musikfestival in der Hauptstadt mit Konzerten (Klassik, Jazz, Chanson, Infos unter www.prin tempsmusical.lu).

APRIL

❯ **Muttergottesoktav,** kurz auch nur *Oktav* genannt, ist eine zweiwöchige Wallfahrt zum Gnadenbild der Muttergottes in der Luxemburger Kathedrale. Seit 1666 ist Maria als Trösterin der Betrübten die Schutzpatronin der Stadt Luxemburg.

❯ **Oktavmarkt** oder luxemburgisch **Mäertchen:** Ursprünglich war dieser Markt zur Verpflegung der Pilger und Wallfahrer gedacht. Heute hat er sich in einen 14-tägigen Jahrmarkt auf dem Knuedler, dem Wilhelmsplatz, gewandelt.

MAI

❯ **Luxemburg Marathon:** Traditionell führt dieser Lauf vom Kirchberg durch den historischen Stadtkern der Finanzmetropole auch am kurfürstlichen Palast vorbei. (In manchen Jahren findet der Marathon auch Anfang Juni statt.) Informationen unter www.ing-europe-marathon.lu.

JUNI

❯ **Luxemburgischer Nationalfeiertag am 23. Juni,** der mit einem gigantischen Feuerwerk auf der Adolphe-Brücke und einem Fackelzug am Vorabend, vielen Open-Air-Konzerten in der ganzen Stadt,

■ LUXEMBURGISCHE KURIOSITÄTEN

> *Die Unterstadt namens Grund lässt sich in 20 Sekunden per* **Lift** *erreichen (s. S. 59). Ab Sommer 2011 wird ein weiterer Lift hinunter in den Stadtteil Pfaffenthal führen.*

> *Der* **Kachkéis**, *ein* **sirupartiger Kochkäse**, *gehört zu den kulinarischen Spezialitäten Luxemburgs. Dem nationalen Comichelden Superjhemp verleiht er übernatürliche Kräfte. Klar doch – schließlich kommt der Kachkéis ohne Konservierungsstoffe oder Stabilisatoren aus.*

> *In der Hauptstadt des Großherzogtums* **leben mehr Ausländer als Einheimische.** *Der Anteil der ausländischen Bevölkerung beträgt 62,58 Prozent, wobei die Portugiesen mit 16,5 Prozent die größte Bevölkerungsgruppe darstellen.*

> *1924 und 1928 gewannen* **3 Luxemburger olympische Medaillen.** *Zweimal gab es Gold in den Disziplinen Malerei und Zeichnungen, einmal Silber in der Disziplin Bildhauerkunst. Kein Witz: Bis 1948 gab es bei den Olympischen Spielen auch Kunstwettbewerbe.*

> *Luxemburg verfügt über ein* **Weinanbaugebiet mitten in der Stadt.**

einer Militärparade und einer festlichen Messe in der Kathedrale gefeiert wird. Aus rein klimatischen Gründen wurde dieser Tag, an dem man ursprünglich den Geburtstag des jeweiligen Herrschers feierte, übrigens dauerhaft in die warme Jahreszeit verlegt.

> **Summer in the City:** Von Juni bis September feiert die Stadt bis spät in die Nacht, und das fast täglich. Das Programm reicht vom Open-Air-Filmfestival über Straßenanimationen bis hin zu den beiden berühmtesten Rock- und Jazz-Musikfesten der Stadt (Rock am Knuedler, Blues'n Jazz Ralley). Die aktuellen Angebote sind online unter www. summerinthecity.lu gelistet.

> **Rock um Knuedler:** Über zehn Stunden internationale Nonstop-Rockmusik der Spitzenklasse auf dem Place Guillaume II. Natürlich umsonst (www.rockumknuedler.lu).

JULI

> **Blues'n Jazz Rallye:** Über 60 meist kostenlose Konzerte auf Freilichtbühnen, in Kneipen, Restaurants und Konzertsälen in den Unterstädten Grund und Clausen (www.bluesjazzrallye.lu).

> **Kasemattentheater:** Schauspielkunst in den unterirdischen Bockkasematten.

> **Fête des Ateliers des Cultures:** Im kulturellen Begegnungszentrum der Abtei Neumünster lassen sich internationale Künstler und ihre Werke bestaunen.

AUGUST

> **Schueberfouer:** Dieses dreiwöchige Volksfest auf dem Glacis-Platz [C1/2] im Stadtteil Limpertsberg ist einer der ältesten Jahrmärkte Europas. Auf Deutsch heißt diese Feier **Schobermesse** und wurde bereits am 10. Oktober 1340 von Johann dem Blinden begründet. Der Beginn der Messe variiert, da er sich nach der Bartholomäusnacht richtet (www. fouer.lu).

> **Hämmelsmarsch:** Alte luxemburgische Tradition, bei der zur Kirmes, also zum Jahrmarkt, eingeladen wird. Früher hat man dazu Hammel durch die Straßen getrieben. Heutzutage wird dieser Brauch

zur jährlich stattfindenden Schobermesse (s. o.) wiederbelebt.

> **Streeta(rt)nimation:** Beim Straßenkunstfestival mit Straßenkünstlern, Pantomimen, Stelzengängern, Musikanten, Komödianten und Akrobaten verwandelt sich die Fußgängerzone in eine einzige große Freilichtbühne (www.streetartnimation.lu). Kann auch im September stattfinden.

SEPTEMBER

> **Live at Vauban:** Ein internationales Musikfestival, bei dem von Rock, Pop über Blues bis hin zum Jazz alle Musikstile vertreten sind (www.liveatvauban.lu).

OKTOBER

> **Herbstmarkt:** buntes Jahrmarktstreiben vor dem Großherzoglichen Palais.
> **Lange Nacht der Museen:** An einem Samstag im Oktober bieten die Museen der Stadt zwischen 18 Uhr und 1 Uhr morgens (Eintritt bis Mitternacht) Führungen, Treffen mit Künstlern, Konzerte, Performances, Tanz u. v. m. an. Jedes Museum wartet mit einer kulinarischen Überraschung auf. Ein Shuttlebus bringt die Besucher gratis zu den verschiedenen Museen (www.museumsnacht.lu).
> **DirActor's Cut:** Dieses Filmfestival widmet sich Schauspielern, die sich auch als Regisseure einen Namen gemacht haben, wie z. B. Sophie Marceau, Robert Redford oder Woody Allen (www.diractorscut.com).

Abb.: jr
© ni600u

DEZEMBER

> **Weihnachtsmarkt:** Vom 1. bis zum 24. Dezember findet man auf dem Place d'Armes und der angrenzenden Rue du Curé diesen festlich geschmückten

▶ *Im Sommer verwandelt sich die Luxemburger Innenstadt in eine einzige große Freilichtbühne*

■ OFFIZIELLE FEIERTAGE

> 1. Januar (Neujahr)
> Ostermontag
> 1. Mai (Tag der Arbeit)
> Himmelfahrt
> Pfingstmontag
> 23. Juni (Nationalfeiertag)
> 15. August (Mariä Himmelfahrt)
> 1. November (Allerheiligen)
> 25. Dezember (Weihnachten)
> 26. Dezember (Heiliger Stefan)

■ DAS GIBT ES NUR IN LUXEMBURG

❭ *Die Einwohner der Stadt Luxemburg haben mit über 90.000 US-Dollar das **höchste jährliche Pro-Kopf-Einkommen** der Welt.*

❭ ***Kasematten*** ❷: *Befestigungsanlagen von 1644 (entstanden zur Zeit der spanischen Fremdherrschaft) mit 17 km langen unterirdischen Galerien. Einige der Wohnhäuser haben heute noch einen Zugang zu Geheimgängen.*

❭ *Eine **Bank, die ein eigenes Museum unterhält,** in dem man sich unter anderem Filme berühmter Bankeinbrüche ansehen kann (s. S. 38).*

❭ *Eine **Galerie in einem Tunnel:** Diese „Galerie am Tunnel"* ❷❹ *genannte Kunststätte liegt mitten in der Stadt, direkt unter der Rue Sainte-Zithe.*

❭ *Weltweit ist die Stadt Luxemburg die **einzige Hauptstadt eines Großherzogtums.** Warum? Das Land Luxemburg ist das einzige Großherzogtum dieses Planeten.*

❭ *Die Stadt Luxemburg **verdoppelt während der Woche ihre Einwohnerzahl.** Von Montag bis Freitag*

tummeln sich bis zu 220.000 Menschen in der Stadt. Die tatsächliche Zahl der Bewohner liegt bei etwa 85.000.

❭ *Einen **City Night Bus,** der einen freitags und samstags am Abend und in der Nacht kostenlos zwischen den Amüsiermeilen, Tanzpalästen und Kinos hin und her fährt.*

❭ *Man kann die Stadt mit einem offiziellen Guide auf einer **geführten Joggingtour** (s. S. 125) laufend erkunden.*

❭ *Eine **Schlucht in der Stadtmitte,** die von den beiden Flüssen Alzette und Pétrusse in Jahrtausenden geformt wurde.*

❭ *Luxemburg ist klein, doch der stadteigene Supermarkt im Shoppingcenter Auchan* ❹❸ *weist stolze 12.000 m² auf und ist mit über 700 Mitarbeitern der **personalintensivste Supermarkt** der Euro-Zone.*

❭ *Luxemburg hat laut WHO-Report den **höchsten Pro-Kopf-Konsum an Tabak.** Dank niedriger Tabaksteuern raucht es sich hier eben besonders günstig.*

Markt mit täglichen Konzerten und einer reich dekorierten Riesentanne.

❭ **Adventsmarkt:** Dezenter als in der Altstadt ist dieser Markt auf dem Bahnhofvorplatz.

❭ **Winter Lights:** Ein Konzert- und Lichtfestival im Herzen Luxemburgs, das nicht nur die Festungsmauern illuminiert (www.winterlights.lu).

▶ *Zahlreiche Straßencafés verleihen dem Place d'Armes* ❿ *im Sommer südländisches Flair*

LUXEMBURG FÜR CITYBUMMLER

Die Innenstadt von Luxemburg ist relativ klein und kompakt, überschaubar ist sie damit noch lange nicht. Das liegt vor allem an den vielen kleinen Gässchen, Galerien, den Treppen, Festungswegen, Brücken und Passagen, vor allem aber an der Topografie, die je nach gewählter Strecke schnell mal einen Höhenunterschied von 40 Metern aufweisen kann.

Foto: jr Abb.: 010

Für einen Ausflug auf das Kirchberg-Plateau empfiehlt sich die Fahrt mit dem Bus. Ansonsten sind alle **Distanzen zu Fuß sehr gut zu schaffen** und zu planen, zumal kleine Wegweiser überall in der City auf die wichtigsten Sehenswürdigkeiten und die Entfernung hinweisen.

Das historisch gewachsene **Zentrum** der Oberstadt wird im Osten und Süden von den tiefen Einschnitten zweier Flussläufe begrenzt. Im Osten vom Alzette-Tal und im Süden vom Tal der kleineren Pétrusse. Im Norden und Westen wird die Altstadt von der umlaufenden Prachtstraße, dem **Boulevard Royal,** und dem sich dahinter erstreckenden **Stadtpark** umrahmt.

Die interessantesten Sehenswürdigkeiten ballen sich in der **Altstadt** und lassen sich bequem zu Fuß erkunden. Vom zentral gelegenen **Place d'Armes** ❿ sind es nur zwei Gehminuten hinüber zum **Place Guillaume II.** ⓱. Von hier aus wandert man in zehn Minuten zur **Corniche** ❸, zur

Kathedrale ⓲ oder zu den **Bockkasematten** ❷. Der sehenswerte **Fischmarkt** ❻ und der **Großherzogliche Palast** ❽ liegen sogar gleich um die Ecke des Place Guillaume II., den die Luxemburger „Knuedler" nennen.

Man überquert das Tal der Pétrusse auf der südlich verlaufenden **Pont Adolphe** [D4] und erreicht das zweite Stadtzentrum um den Bahnhof, den Stadtteil **Gare,** indem man der wichtigen Verkehrsachse, der **Avenue de la Liberté,** folgt.

Auf dieser Strecke liegen mit dem turmgleichen Bau der **Sparkasse** ㉓ mit Bankenmuseum, der **Galerie Am Tunnel** ㉔ und dem **ArcelorMittal-Gebäude** ㉕ einige Höhepunkte. Allerdings reicht das sich daran anschließende Bahnhofsviertel an die Vielfalt historischer Gebäude der Altstadt bei Weitem nicht heran.

Die modernen und historisch restaurierten Highlights der Stadt, die auf dem **Kirchberg-Plateau** entstanden sind, wie die **Philharmonie** ㊵,

Luxemburg von oben

In Luxemburg bieten sich viele Möglichkeiten, das städtische Ensemble von oben zu erblicken. Das liegt bereits an der Beschaffenheit des Geländes. Immer wieder erkundigen sich Besucher nach der Möglichkeit, einen der schönsten Türme der Stadt, gleich am Rande der Schlucht, zu besteigen. Leider jedoch ist der markante Turm der Sparkasse ㉓ für das Publikum gesperrt. Doch es gibt auch andere schöne Orte, die den Blick nach unten lohnen:

> Corniche ❸
> Terrasse des Chiggeri (s. S. 26)
> Terrasse der Vinoteca (s. S. 66)
> Rote Brücke ㊳
> Meliá (s. S. 128)
> Plateau des Fort Thüngen ㊷

das **Museum für moderne Kunst** (MUDAM) ㊶ und das **Fort Thüngen** ㊷, erreicht man zu Fuß von der Altstadt über die Avenue de la Porte-Neuve und die **Rote Brücke** ㊳ in etwa einer halben bis Dreiviertelstunde. Allerdings empfiehlt sich für einen Ausflug auf den Kirchberg die Fahrt mit dem Bus 125.

Wer die Treppen und Wege **zum Fluss Alzette hinunterschlendert**, gelangt in die Idylle der **Unterstadt Grund**. Es ist ein Tauchgang in die dörfliche Vergangenheit der Stadt mit pittoresken, von Felswänden und mächtigen Festungsanlagen gesäumten Wegen. Folgt man dem Tal des Flusses Pétrusse und flaniert unter der Pont Adolphe hindurch, so landet man unweigerlich in einem der ruhigsten Teile von Luxemburg-Stadt. Geht man im Grund in die andere Richtung und nimmt die Rue Münster, so gelangt man zur **Abtei Neumünster** ㉟, wo sich im Sommer Rockmusik und Mittelalter begegnen, und anschließend in den **Stadtteil Clausen** mit seinem abendlichen Szeneviertel Rives de Clausen (s. S. 30) und dem Geburtshaus von Robert Schumann. So richtig idyllisch wird es dann in **Pfaffenthal**, einem dörflichen Stadtteil mit trutzigen Vauban-Türmen ㊲ und kleinen malerischen Häusern, direkt an den Ufern der Alzette.

LUXEMBURG FÜR KAUFLUSTIGE

In der Innenstadt findet sich die volle Palette für Konsumfreudige: vom zentral gelegenen Floh- und Antiquitätenmarkt über Einkaufspassagen bis hin zu edlen Luxusboutiquen. Das umfassendste Angebot an einem Ort bietet Auchan am Kirchberg, das größte Shoppingcenter Luxemburgs, 10 Busminuten vom Zentrum entfernt.

Die mit Abstand meisten Geschäfte finden sich entlang der **Fußgängerzonen der Altstadt rund um die Grand-Rue** [D3], die auf Luxemburgisch „Groussgaass" genannt wird. Hier im Herzen der Stadt reihen sich entlang der Hauptgeschäftsstraße Grand-Rue und deren Seitenstraßen, **Rue de Beaumont** und **Avenue Monterey**, die schicksten Geschäfte und nobelsten Einkaufsgalerien aneinander. Neben Edelmarken für Mode, Accessoires und Schmuck wie Cartier, Escada, Louis Vuitton, Longchamps, Max Mara und Swarovski findet man in diesen Einkaufsmeilen der Altstadt, trotz einer der höchsten Ladenmieten Europas, jedoch auch günstigere Modehäuser wie C&A, H&M oder Esprit.

Die hier ansässigen, sehr übersichtlichen **Einkaufsgalerien** wie das Neuberg, das Centre Beaumont und das Carré Bonn bieten für ausdauernde Käufer durchaus auch preiswerte Überraschungen. Wahre Schnäppchen sucht man in der Altstadt jedoch meist vergebens. Luxemburg trägt, was den Innenstadtbereich betrifft, seinen Beinamen „Luxusburg" wohl zu Recht.

Vom Frühjahr bis Herbst bieten sich auf den rund um den Glacis-Platz [C1/2] und dem Place d'Armes ⑩ stattfindenden **Floh- und Trödelmärkten** reichlich Gelegenheiten, Antiquitäten, Preziosen, Bücher und Kunstgewerbe zu erwerben.

Neben der Altstadt ist die **Gegend rund um den Hauptbahnhof** ㉖ die zweite wichtige Shoppingzone der Stadt mit vielen kleinen Einrichtungshäusern, Mode- und Designgeschäften. Vor allem im Ortsteil Bonneweg und entlang der Rue Sainte Zithe [D5] eröffneten in den letzten Jahren viele kreative bunte Geschäfte, vom portugiesischen Buch- bis hin zum tibetanischen Blumenhändler.

Das größte Angebot unter einem Dach hat das **Shoppingcenter Auchan** ㊸ auf dem Kirchberg-Plateau zu bieten. Dieser Einkaufstempel der Superlative lockt auf über 25.000 m² Fläche mit seinen 54 Läden und Boutiquen sowie seinen neun Cafés und Restaurants Kunden aus Frankreich, Deutschland und Belgien an. Allein in der Gewürzabteilung findet man eine Auswahl von über 4000 Artikeln aus aller Herren Länder. Gehbehinderten Personen stehen aufgrund der riesigen Ausmaße des Shoppingcenters elektrische Wagen zur Verfügung.

In Luxemburg leisten sich viele Geschäfte den Luxus individueller

■ PÉCKVILLCHEN

*Ein typisch luxemburgisches Souvenir ist die **aus Ton gebrannte kleine Flöte in Vogelform**. Typischerweise hat die Vogelflöte unterhalb des Mundstücks (am Vogelschwanz) und am Schnabel des Vögelchens ein Loch, sodass man beim Anblasen einen Ton in zwei verschiedenen Tonlagen erzeugen kann. Traditionellerweise wurden sie früher auf dem Fischmarkt und den Jahrmärkten verkauft. Weil sie jedes Jahr anders gestaltet wurden, haben sich die Péckvillchen mittlerweile zu beliebten und durchaus teuren Sammlerstücken entwickelt. Besonders beliebt sind die rotbraunen Vogelflöten aus dem Ort Nospelt.*

Wer sich ein original Péckvillchen kaufen möchte, sollte auf jeden Fall darauf achten, dass es nicht aus Gips gefertigt ist.

Öffnungszeiten. Wer sich nicht in erster Linie über den Umsatz definiert, sondern in der Hauptstadt Luxemburgs vor allem präsent sein muss, wie viele der Modegeschäfte, die ihre Stammhäuser in Paris haben, benötigt eben keine Öffnungszeiten, die bis in den späten Abend reichen. So wird man, auch in der Vorweihnachtszeit, selten ein Modegeschäft finden, das noch nach 18 Uhr geöffnet ist. Kleinere Geschäfte schließen auch mal zur Mittagsstunde, weil der Besitzer in Ruhe speisen möchte. Allein die großen Einkaufszentren machen hier eine Ausnahme. So hat das Auchan auf dem Kirchberg täglich von 8 bis 20 Uhr, freitags sogar bis 21 Uhr geöffnet.

BÜCHER

1 [E5] **Buchhandlung Libo,** Rue du Fort Bourbon 11, www.libo.lu, tägl. 7.30–18.30, Sa 9–18 Uhr, So geschl. Die neueste Errungenschaft für Bücherfreunde befindet sich im Bahnhofsviertel. Dank des angeschlossenen Biorestaurants Exki eine entspannte Symbiose von Literatur und gutem Essen. Regelmäßig stattfindende Lesungen.

2 [E3] **Librairie Ernster,** Rue de Fosse 27. Unmittelbar in der Nähe des Place d'Armes findet man u. a. viele Reiseführer und Landkarten.

3 [D3] **Librairie Français,** Rue Beck 2–4. Tel. 220067. Die beste Buchhandlung der Stadt mit französischsprachigem Angebot.

4 [D6] **Librairie Sao Paulo,** Rue André Duchscher 2, Tel. 26532879. Portugiesischsprachige Literatur aus Brasilien, Madeira und Portugal.

5 [E6] **Librairie um Fieldgen,** Rue Glesener 3. Tel. 488893, www.libuf.lu. Die kleine, internationale Buchhandlung des Monsieur Paul Bauler im Bahnhofsviertel hat Bücher in vier Sprachen (Luxemburgisch, Deutsch, Französisch und Englisch) im Angebot.

DESIGN UND ACCESSOIRES

6 [D3] **Art City,** Avenue de la Porte-Neuve 15. Kleidung und Accessoires für Damen auf über 400 m².

7 [D3] **Corom,** Avenue de la Porte-Neuve 19. Lederprodukte (Taschen, Reisegepäck, Geldbörsen), edle Schreibgeräte und Accessoires.

8 [D3] **Delux,** Rue Beck 6, Tel. 26270505. Neben Spiel- und Glaswaren, Kerzen, Lampen und Postkarten beherbergt das Delux auch eine Feinkostabteilung mit erlesenen Olivenölen, Essig, Gewürzen, Likören und Kakaospezialitäten.

9 [D5] **Extrabold,** Avenue de la Liberté 24, www2.extrabold.eu. Eine bunte Mischung aus Street Art, Design, Streetwear und Buchladen, der sich voll und ganz der Straßenkunst verschrieben hat, mit Fotobänden und Büchern über Malerei und Graffiti.

10 [E3] **Hello Beluga,** Côte d'Eich 5. Dieser im Retrostil gehaltene Laden bietet eine breite Palette an Accessoires, Büchern, Schmuck, Kleidung, Dekorationsgegenständen, Taschen, Gadgets, Bildern und Skulpturen.

11 [D3] **La Casa del Habano,** Avenue de la Porte-Neuve 22 B. Alles rund um die kubanische Zigarre, vom Zigarrenschneider bis hin zum Humidor und befeuchteten und temperierten Privatsafe, www.lacasadelhabano.lu.

12 [F7] **Naturwelten,** Rue Auguste Charles 7. Im ehemaligen „Pimpampel" (lux. für „Schmetterling") gibt es nur ökologische Produkte, vom Fair-Trade-Reinigungsmittel bis hin zu Bio-Kosmetik, Babynahrung und Naturkleidung.

13 [D3] **Stenders,** Avenue de la Porte-Neuve 24. www.stenders.lu. Über 70 verschiedene handgefertigte Seifensorten, Körperpflege- und Schönheitsprodukte, ätherische und kosmetische Öle.

14 [F7] **Unikat,** Rue des Gaulois 10, Tel. 26483304. Mehr als nur ein Möbel- und Kunstatelier mit individueller Note. Die Ausstellung ist Montag bis Freitag durchgehend von 9–18 Uhr geöffnet.

15 [D3] **Usina,** Av. de la Porte-Neuve 8, www.usina.lu. Design- und Fotoatelier mit Werken junger internationaler Designer. Ein kleines Universum von der Bananenvase bis hin zum Wandschuhhalter.

▶ *Die in den Auslagen am Place Guillaume II.* **17** *zu bestaunenden Meeresfrüchte werden täglich frisch aus Südfrankreich, Paris und Ostende geliefert*

MÄRKTE

🔒**16** [D3] **Flohmarkt Op der Plëss,** März–Okt. jeden Samstag von 6 bis 14 Uhr. *Marché aux puces* nennt man in Luxemburg, ebenso wie in Frankreich, den Flohmarkt. Der Flohmarkt auf dem Place d'Armes ❿ bietet zur wärmeren Jahreszeit ein kunterbuntes Händlertreiben. Hier findet man alles, von Antiquitäten über Bücher, Schellackplatten und Porzellan bis hin zu altem Spielzeug.

🔒**17** [C1] **Glacis-Markt.** Der im Sommer auf dem Glacis-Platz einmal monatlich stattfindende Trödelmarkt bietet neben antiken Kostbarkeiten, Kitsch und Kunst auch Kulinarisches (Terminauskunft bei der Touristeninformation, s. S. 115).

🔒**18** [gi] **Grand Foire d'Antiquités et de Brocante,** im März, Sept. und Nov. jeweils an einem Wochenende von 10 bis 18 Uhr. Dieser Markt mit meist hochwertigen Antiquitäten, edlem Trödel und Sammlerstücken findet auf dem Luxexpo-Gelände am Kirchberg statt, Eingang Süd. (Auskünfte und genaue Termine gibts bei der Touristeninformation am Knuedler, s. S. 115.)

🔒**19** [D3] **Wochenmarkt,** auf dem Place Guillaume II. ⓱, jeden Mittwoch und Samstag

MODE

🔒**20** [F4] **Adamo & Eva,** Rue Saint Ulric 20. Von Eva Ferranti nach Maß geschneiderte Männermode, seit über 20 Jahren eine Institution in der Stadt Luxemburg.

🔒**21** [E3] **Fou du Roi,** Grand-Rue 6. Boutique mit lässigen Kollektionen für Männer.

🔒**22** [D3] **KOOKAI,** Grand-Rue 51, Tel. 227620, tgl. 9–18 Uhr, So geschl. Das französische Modelabel gehört zu einer der ältesten und besten Adressen für feine Damenmode. Die Blazer, Blusen, Mäntel und Pullover stehen nicht nur Cindy Crawford und Linda Evangelista gut, die für dieses Label geworben haben. KOOKAI führt auch Accessoires wie Seidenschals und feine Tücher.

🔒**23** [D3] **promod,** Rue Phillippe II. 5, www.promod.lu, tgl. 9–18 Uhr, So geschl.

Schicke und legere französische Mode für die, wie man dem Autor sagte, aktive Frau. Wer sich die Leggings, Jeans, Kleider, Hemden, Röcke etc. einmal vorab anschauen möchte, kann dies auf der Website www.promod.lu tun. Man wird jedoch sogleich auf die französische Seite des Pariser Stammhauses weitergeleitet. Doch bitte keine Angst vor der französischen Sprache: Auf einen Klick erklärt sich ganz von selbst, was man unter *Robes* (Kleider), *Jupes* (Röcke) oder *Chaussures á talons* (hochhackige Schuhe) versteht.

🔴**24** [E3] **Zardonni,** Rue de la Curé 15, Tel. 478075, www.zardonni.lu, tgl. 9 – 18 Uhr, So geschl. Der wohl beste Lingerie-Laden Luxemburgs bietet eine umfassende Auswahl an Marken von Perla bis Valery, von Moschino bis Dolce & Gabbana.

MUSIK

🔴**25** [E3] **CD Buttek beim Palais,** Rue du Marché-aux-Herbes 16, Tel. 473957. Keine zwei Minuten vom Großherzoglichen Palais entfernt existiert immer noch dieser kleine Musikladen mit exzellenter Beratung durch Pierre Delhalt. CDs und Konzertkarten.

🔴**26** [D3] **Free Record Shop,** Avenue de la Porte-Neuve 11, Tel. 26202007. Seit Herbst 2010 gibt es diesen Musikladen mit CDs, DVDs und Elektroartikeln.

🔴**27** [D3] **Reservoir,** Grand-Rue 30, Tel. 27478192. Kleiner Laden in einer Passage der Grand-Rue mit Vinyl, CDs, DVDs, Videospielen und Comics, die hier „BD" genannt werden: *bande desinée.*

SOUVENIRGESCHÄFTE

🔴**28** [E3] **C&M Gross,** Rue de la Reine 5, Tel. 26262027, tgl. 8 – 18.30 Uhr, So geschl. Neben Souvenirs führt der Laden auch Zeitungen und Getränke.

Einkaufsklassiker:
Sprit und Genussmittel

Die typischen preiswerten luxemburgischen Einkaufsklassiker **Benzin, Kaffee, Spirituosen und Tabakwaren** findet man durchaus nicht nur an der 30 km entfernten Grenze, sondern auch im Stadtzentrum. Die Preise für Kaffee, Spirituosen und Tabak liegen etwa 20 %, der Preis für Treibstoff liegt in Luxemburg seit Jahren im Durchschnitt sogar etwa 30 % unter dem Niveau des deutschsprachigen Auslands.

🔴**29** [D3] **Luxministore,** Place d'Armes 17, Tel. 223358, tgl. 8 – 18.30, So geschl. Ein Allrounder mitten im Herzen der Altstadt mit Zeitschriften, alkoholischen Getränken, Tabakwaren und Souvenirs aller Art.

LUXEMBURG FÜR GENIESSER

Die Luxemburger Gastronomieszene besteht aus einem interessanten Mix aus französisch geprägter Sterneküche, internationalen und bürgerlichen Restaurants sowie vielen kleinen Cafés und Lokalen. In der Altstadt, insbesondere in der Rue de l'Eau [E3/4], gastiert die französische Spitzengastronomie gleich neben der rustikalen Gaststätte mit bäuerlich geprägten, landestypischen Spezialitäten.

Luxemburg ist ein **Land für Gourmets.** Selten beginnt man den Tag mit einem ausgedehnten **Frühstück.** In den Brasserien und Cafés rund um den Fischmarkt 🔵 und den Place d'Armes 🔟 genießt man dagegen gerne einen *Kaffi,* wie die Luxemburger ihren Kaffee nennen, und gönnt sich dazu ein Croissant. **Mittags** füllen sich rund um die zentralen Plätze der Altstadt und im Europaviertel Kirchberg in Windeseile die vielen kleinen Restaurants. Die Konkurrenz ist groß, die Plat du Jour (Tagesgericht) wird schnell zum Geheimtipp und kaum etwas macht der Luxemburger so gerne, wie über gutes Essen zu reden. Überraschenderweise gibt es rund um das Großherzogliche Palais sehr preiswerte Mittagstische.

Abends lohnt sich ein Gang hinunter in den Grund und nach Clausen, wo sich einige mit Sternen ausgezeichnete Köche angesiedelt haben. Doch Luxemburg wäre nicht Luxemburg, wenn man nicht gleich nebenan die heißgeliebten *Gromperen-Kichelcher*, also Kartoffelpuffer, bekommen würde – dann aber sehr gerne mit Beluga-Kaviar!

LUXEMBURGER SPEZIALITÄTEN

Die von den drei Nationalitätenküchen (deutsch, belgisch und französisch) beeinflusste **Luxemburger Küche** ist ursprünglich bäuerlich geprägt und war lange Zeit keineswegs kalorienbewusst. Ihrem Motto „gudd a vill" („gut und viel") gemäß findet man auf dem Teller häufig **französische Raffinesse und deutsche Portionen**. Landestypische Spezialitäten sind deftig und fantasiereich zugleich – eine einzigartige Melange von rustikaler Hausmannskost und Haute Cuisine, die es wohl in dieser Form ansonsten nur noch im Elsass gibt. Hier eine kleine Auswahl der beliebtesten landestypischen Spezialitäten:

▶ *Luxemburg ist eine Stadt für Schleckermäuler*

Speisen

❯ **Judd mat Gaardebounen:** Definitiv das Nationalgericht der Luxemburger! Ein würzig-pikanter geräucherter Schweinenacken mit weißen Bohnen und einer guten Note Riesling-Sylvaner.

❯ **Kachkéis:** Der mit Kräutern verfeinerte Kochkäse, auch unter seinem französischen Namen *Concaillotte* angeboten, wird traditionell mit Senf und warm als Brotaufstrich serviert.

❯ **Bouneschlupp:** Weitaus mehr als eine einfache grüne Bohnensuppe – in Luxemburg ist die *Bouneschlupp* ein Muss und wird als Vorspeise gerne auch mit geschnittener Mettwurst verfeinert.

❯ **Bëtschelsragout:** Zickleinragout (frz. *Chevreau en ragoût*). Mitunter hört man den kulinarischen Ausruf *zaart ewéi e Bëtschel*. Gemeint ist „zart wie ein Zicklein", das Hauptmerkmal dieses saftigen Gerichts.

❯ **Quetscheflued:** Dieser Zwetschgenkuchen in sehr fruchtiger Variante schmeckt, jahreszeitlich bedingt, im Herbst am besten.

❯ **Verwurelt Gedanken:** „Verworrene Gedanken" sind gedrehte, frittierte Teigknoten und ein typisches Essen zur Karnevalszeit.

❯ **Biwwelamoud** (frz. *Bœuf à la mode façon luxembourgeoise*): mit Riesling und Estragonessig abgebeizter Sauerbraten

❯ **Sauermous** (frz. *Choucroute garnie*): luxemburgische Variante des Sauerkrauts

> **Gromperen-Kichelcher:** Kartoffelpuffer
> **Fierkelshämmchen am Schäffchen** (frz. *Jambonneau de porcelet*): Ferkelschinken aus dem Ofen ist das traditionelle Essen zum Jahrmarkt, der Schobermesse (s. S. 12).
> **Friture:** Eine Spezialität der Moselregion sind die knusprig gebratenen Süßwasser-Fischchen.
> **Ham am Deeg** (frz. *Jambon en croûte*): gekochter Schinken im Teigmantel

Getränke

> **Rousperter:** Kohlesäurehaltiges Mineralwasser aus landeseigener Quelle.
> **Béier:** Bier. Doch aufgepasst, es gibt luxemburgspezifische Ausdrücke für die verschiedenen Glasgrößen: *Mini, Flûte, Stiwwel, Humpen* ... (s. S. 31)
> **Äppeldrëpp:** Apfelbranntwein
> **Nossdrëpp:** Walnussschnaps
> **Quetsch:** Zwetschgenschnaps
> **Viiz:** saurer Apfelwein
> **Kaffi:** Kaffee
> **Schokolasmëllech:** Kakao

AUSGEWÄHLTE LOKALE

Die Luxemburger Gastronomie ist **nicht billig**, dennoch findet man sie noch, die Plat de Jour, also das **Tagesgericht zur Mittagszeit** im Zentrum für 10 €. Jedoch kann ein ähnliches Gericht um die Ecke gut und gerne 30 € kosten. In ganz anderen Regionen schwebt man zur Abendzeit. Insbesondere die Sterneküche bewegt sich dann auf einem Preisniveau, das oft erst bei 50 € beginnt und auch ein Vielfaches dieser Summe betragen kann. Dennoch bekommt man im Grund und in der Altstadt auch exzellente Abendgerichte unter 20 €. Die Höhe des **Trinkgelds** beträgt in Luxemburg üblicherweise 10 % der Rechnung.

EXTRATIPP

Günstig speisen in Luxemburg
Wer es preiswert und gut mag: Die Mahlzeiten der Luxemburger Jugendherberge (s. S. 129) sind außergewöhnlich lecker und können zur warmen Jahreszeit ganz entspannt draußen auf der Terrasse eingenommen werden.
Als Alternative bietet sich die leckere, überaus sättigende *Bouneschlupp mat Mettwurst* im Restaurant Am Tiirmschen (s. S. 22) an. Dort kostet sie nur 8 €.

Wichtig: Sonntags haben die meisten Restaurants der Stadt **geschlossen**, auch alle nachfolgend genannten! Montags öffnen die meisten Restaurants nur bis 14 Uhr und auch zwischen 14 und 19 Uhr schließen 90 % der Restaurants ihre Pforten.

Restaurants

30 [E3] **Am Tiirmschen** €-€€, Rue de l'Eau 32, Tel. 26270733. *Die* Empfehlung des Autors! Urgemütliches Altstadtrestaurant mit ausgezeichneter luxemburgischer Küche. Unbedingt probieren: die Pasteten und das Nationalgericht *Judd mat Gaardebounen*.

31 [E3] **Apoteca** €€, Rue de la Boucherie 12, Tel. 2673771, www.apoteca.lu. Die Küche dieses Restaurants mit angegliederter Bar ist experimentierfreudig, länderübergreifend und ganz allgemein ausgezeichnet. Ein Beispiel: Hummer Cappuccino japanisch, ein mit leichter Cappuccino-Creme und Wasabi verfeinertes Meereskrustentier.

▶ *Wer möchte, kann sich im Restaurant Apoteca den Schlüssel zum Weinkeller geben lassen*

EXTRATIPP

*Auf Wunsch gibt es
den Weinkellerschlüssel*

Im Gourmetrestaurant **Apoteca** (s. S. 22) in der Altstadt, in der Rue de la Boucherie 12, erhält der Gast auf Wunsch den Schlüssel zum Weinkeller, den er dann in aller Ruhe allein betreten darf. Dieser in der internationalen Gastronomie wohl einzigartige Vertrauensbeweis ist umso bemerkenswerter, als sich im historischen, jahrhundertealten Gewölbe erlesene Weinkostbarkeiten befinden.

DER LAUF DER KELLNER

Jedes Jahr im Juli findet rund um den Großherzoglichen Palast ❽ *ein Wettlauf der Kellner und Kellnerinnen der Straßencafés in Arbeitskleidung und mit vollem Tablett statt. Dabei sind einige ungewöhnliche Hürden zu bewältigen. Gewonnen hat nicht nur derjenige, der am Schnellsten war, sondern derjenige, der am Ende am wenigsten vom Inhalt der Gläser verschüttet hat.*

32 [D3] **Basta Cosi** €€, Rue Louvigny 10, Tel. 26268585, www.bastacosi.lu. Das Restaurant mit angeschlossener Prosecco-Bar spielt in der ersten italienischen Gourmet-Liga. Unbedingt probieren: „Pasta Cosi" mit Auberginen, Peccorino, Speck und Basilikum.

33 [E3] **Bodega** €-€€, Rue du Curé 5a, Tel. 222553. Ein Tipp ist dieses Café-Restaurant in der Altstadt. Besonders lecker sind die spanischen Tapas, die direkt an der riesigen Theke gereicht werden.

34 [D3] **Brasserie Speltz** €€, Rue Chimay 8, Ecke Rue Louvigny, Tel. 474950, www.speltzluxembourg.com. Traditionsreiches Haus aus dem 17. Jahrhundert in der Fußgängerzone der Altstadt mit französischer Küche. Beachtenswert sind hier vor allem die Wildspezialitäten.

35 [E3] **Come Prima** €-€€, Rue de l'Eau 32, Tel. 241724. Das äußerst

empfehlenswerte italienische Restaurant verfügt über ein stilvolles Ambiente mit antiken Elementen. Sehr gute Pastagerichte und Plat du Jour ab 10 €.

36 [E3] **Däiwwelskichen** €-€€, Grand-Rue 4, Tel. 221508. Lateinamerikanische Kochkunst in der Altstadt. Der

013lu Abb.: jr

RESTAURANTKATEGORIEN

€	bis 12 €
€€	12 bis 25 €
€€€	ab 25 €

(durchschnittlicher Preis für ein Menü)

SMOKER'S GUIDE

Luxemburg gehört neben Tschechien zu den **raucherfreundlichsten Ländern** der Europäischen Union. Dies verwundert nicht, denn die Zigarettenfabrik der Van-Landewyck-Gruppe im Stadtteil Hollerich ist einer der größten tabakverarbeitenden Betriebe in Europa. Zigaretten und Zigarren sind hier nach wie vor wesentlich günstiger zu haben als in Deutschland oder Frankreich. Und die umsatzstarke Klientel möchte man im Raucherparadies Luxemburg auf keinen Fall verprellen.

Die Gesetzgebung erlaubt allen Gaststätten, Bars und Klubs, in denen keine Speisen ausgegeben werden, uneingeschränkte Rauchfreiheit. Zwar haben die meisten Gaststätten mittlerweile eigene Raucherräume oder Raucherecken eingerichtet, doch selbst dort, wo nur ein Raum zur Verfügung steht, sieht man in Luxemburg nur selten Raucher vor dem Lokal auf der Straße stehen.

In Gaststätten, in denen nicht nur getrunken, sondern auch gegessen wird, ist das Rauchen generell nach Küchenschluss gestattet. So darf man zum Beispiel in der Restaurant-Kneipe Urban in der Altstadt wochentags ab 18 Uhr und am Wochenende ab 19 Uhr auch in den Innenräumen rauchen.

luxemburgische Name des Restaurants bedeutet auf Deutsch „Teufelsküche" und verweist auf die Zubereitungsart vieler Gerichte. Achtung: scharf!

🔥**37** [E3] **El compañero** €–€€, Rue de l'Eau 26–30, www.elcompanero.lu, Tel. 462538. Dieses spanische Tapas-Lokal befindet sich inmitten des historisch-gastronomischen Viertels der Altstadt in einem berühmten Gebäude. An der Fassade ist noch die große Aufschrift

„Péckvillchen" zu lesen. Sie weist auf den alten Namen des berühmten Gasthauses hin, das einst an dieser Stelle stand.

🔥**38** [E4] **Kamakura** €€–€€€, Rue Münster 4, Tel. 470604. Das beste japanische Restaurant der Stadt findet man gleich gegenüber dem Mosconi im Grund. Besonderes, sehr stilvolles Ambiente.

🔥**39** [G3] **Le Sud** €€–€€€, Rue Émile Mousel 2, Rives des Clausen, Tel. 26478750. Im Mittelpunkt steht hier die mit Michelin-Sternen dekorierte Küche des Südfranzosen Christophe Petra. Das Besondere an diesem Restaurant im Amüsierviertel Rive de Clausen: Es gibt keine Speisekarte! Der Gast isst quasi, was auf den Tisch kommt. Allerdings kann man beim Hauptgang durchaus aus einem Angebot auswählen. Bereits die Appetithappen sind ein Gedicht. Das Le Sud bietet tägliche Überraschungen der köstlichen und kostspieligen Art und besitzt die wohl schönste Dachterrasse im Clausener Tal.

🔥**40** [em] **Lisboa II** €–€€, Dernier Sol 10, Tel. 26481880. Portugiesisches Restaurant in Bonnevoie mit sehr guten Fischgerichten.

🔥**41** [E4] **Mosconi** €€€, Rue Münster 13, Tel. 546994, www.mosconi.lu. Lombardisch inspirierte Küche von Ilario und Simonetta Mosconi im Grund. Der einzige mit zwei Guide-Michelin-Sternen dekorierte Italiener außerhalb Italiens! Allerdings nichts für Sparfüchse: Die Spaghetti mit Büffelmozzarella und Kräutern gibts für 29 €.

🔥**42** [F3] **Notaro** €€–€€€, Rue de la Tour Jacob 149, Tel. 423070. Edelitaliener mit wunderbarem Fisch-Carpaccio. Die gute Küche und die integrierte Vinothek sorgen immer wieder für Gesprächsstoff. Ein Menü kostet abends ab 60 €.

🔥**43** [E5] **Ricebox** €, Rue du Fort Bourbon 1, Tel. 481694. Achtung: nur wochentags Mo–Fr 11–15.30 Uhr geöffnet. Kleiner neuer Laden mit ebenso kleinen

Preisen im Bahnhofsviertel. Nomen est omen – hier dreht sich vieles um Reisvariationen. Gerichte gibt es bereits ab 5 €.

44 [H1] **Stübli** €€, Quartier Européen Nord/Kirchberg, Tel. 43776883. Der Ausflug in dieses im Hotel Sofitel gelegene, im rustikalen Stil eingerichtete Restaurant lohnt sich wirklich. Serviert wird vor allem regionale und traditionelle Küche.

45 [D5] **Sushi Place** €-€€, Avenue de la Liberté 18, www.sushi-place.com, Tel. 26480068. Neben Sushi gibt es hier auch japanische Softdrinks und Snacks.

46 [gi] **The Last Supper** €€, Boulevard J. F. Kennedy 33, Tel. 270454, www. thelastsupper.lu. Das Restaurant auf dem Kirchberg ist längst kein Geheimtipp mehr, eine Vorbestellung daher sehr zu empfehlen. Raffinierte Küchenreise um die Welt. Unbedingt probieren sollte man die Jakobsmuscheln, aber auch die Enten- und Lammgerichte sind allesamt vorzüglich.

47 [E3] **Um Dierfgen** €-€€, Côte d'Eich 4-6, Tel. 226141. *Päerdsbiffdeck* heißt die luxemburgische Spezialität dieses Hauses – genau, Pferdesteak! Doch auch wer Pferd nicht mag, findet hier eine reichhaltige Auswahl an typischer Landesküche zu maßvollen Preisen.

48 [bk] **Villa Aura** €€, Rue des Aubépines 187, Tel. 26389767. Edle italienische Küche im modern gestalteten Ambiente eines Jugendstilpalastes. In der warmen Jahreszeit kann man die Taglioni mit schwarzen Trüffeln und Leberpastete auch in den Korbstühlen auf der Sommerterrasse genießen. In der ersten Etage finden Raucher eine Smokers' Lounge mit schweren roten Ledersesseln.

49 [D3] **Wengé** €-€€, Rue Louvigny 15, Tel. 26201058, www.wenge.lu. Hier sind besonders die frischen Salate beliebt, aber auch die Tees, die sich im Parterre in schicken, orientalischen Dosen bis an die Decke stapeln. Gespeist wird in der ersten Etage.

Sonntags speisen

Hier eine Auswahl an Restaurants, die auch am Sonntag geöffnet haben:

> **Art Café** (s. S. 28)

65 [ek] **Côté Jardin** €-€€, Rue de Fort Niedergrünewald 6, Tel. 429848833. Ganztägig von 6-24 Uhr internationale Küche im Novotel.

66 [E3] **Goethe Stuff** €-€€, Rue de l'Eau 32, Tel. 228585, www.espaces-saveurs. lu., tgl. 12-14 u. 19-23 Uhr. Elsässische Küche auf allerhöchstem Niveau zu moderaten Preisen in gemütlich-rustikalem Ambiente.

> **MUDAM-Café** (s. S. 28)

> **beefbar** und **Brasserie Flo**, im Einkaufszentrum Auchan **43**, Tel. 27048595 (beefbar), 27048606 (Flo), www.theplacetoeat.lu, beefbar: Mo-Mi,

So 11.30-15 u. 18-23 Uhr, Do, Fr, Sa 18-1 Uhr, Flo: Mo-So 11.30-24 Uhr. In der 1. Etage des Auchan am Kirchberg finden sich diese Restaurants. Autofahrer erreichen die ganzwöchig geöffnete beefbar ebenso wie die gegenüberliegende Brasserie Flo über die hinter dem Auchan verlaufende Rue Carlo Hemmer. Für beide Restaurants gilt: Einfach vor die hinteren Pforte des Auchan vorfahren und seinen Wagen vom Chauffeur in die Tiefgarage fahren lassen. Das Ganze nennt sich *Service voiturier*. Spezialität der beefbar sind, wie der Name schon vermuten lässt, edle Fleischgerichte. Das Flo hat sich auf Gerichte mit Meeresfrüchten spezialisiert.

VEGETARISCHE LOKALE

Während zwar viele Restaurants in Luxemburg damit beginnen, vegetarische Gerichte in ihr Angebot aufzunehmen, gibt es nur wenige echte vegetarische Vollrestaurants in der Stadt. Hier die besten:

50 [G3] **Anabanana** €–€€, Rue de la Tour Jacob 117, Tel. 691925256. Im ersten rein veganen Restaurant Luxemburgs speist man in einem farbenfrohen Ambiente. Alle Zutaten stammen auschließlich aus ökologischem Anbau. Das Tagesmenü wird vom Wetter bestimmt!

51 [hi] **Exki** €–€€, Rue Edward Steichen 3 (Kirchberg)

52 [D3] **Exki** €–€€, Grand-Rue 72 (Altstadt)

53 [E5] **Exki** €–€€, Rue de Fort Bourbon 11 (Bahnhofsnähe). Vegetarisches Schnellrestaurant mit drei Filialen in der Stadt. Natürliche und frische Kost zu vernünftigen Preisen, besonders lecker sind die Salate und Brioches. Letztere müssen übrigens auch in Luxemburg nicht teuer sein.

54 [E3] **Konrad** €, Rue de Nord 7–9. Das kleine Café setzt ganz und gar auf *organic food* und lokale Produkte. Selbst der Kaffee stammt aus der Rösterei Knopes im belgischen Arlon. Ein idealer Ort, um dem abendlichen Trubel auf dem nahen Fischmarkt zu entkommen. In Kooperation angeschlossen ist ein schwedischer Kleiderladen. Zwanzig Meter entfernt bietet sich ein atemberaubender Blick auf die Schlucht der Alzette.

55 [E4] **Mesa verde** €–€€, Rue de Saint Esprit 11, Tel. 464126, www.mesa.lu. Am „grünen Tisch" in der Altstadt kann man seit über 15 Jahren eine vegetarische Reise durch alle Klimazonen der Welt unternehmen. Vom erfrischenden Algensalat über den Geschmack Bombays und die mediterrane Trilogie bis hin zum andalusischen Flan sind hier alle Gerichte sehr empfehlenswert.

56 [E3] **Naturata Bio Snack** €, Grand-Rue 7. Winziger Laden mit großen Ambitionen. Die leckeren Sandwiches und kleinen warmen Quiches eignen sich wunderbar für den kleinen Hunger zwischendurch.

Restaurants und Cafés mit Sommerterrasse

57 [fj] **Brasserie Guillaume** €–€€, Place Guillaume II. 14. Tel. 26202020. Dieses Restaurant am zentralen, autofreien Platz gehört zu den beliebtesten Adressen der Luxemburger. Man genießt die herrliche Aussicht auf den Place Guillaume II. und die reiche, farbenprächtige Auswahl an Meeresfrüchten, die gerne pittoresk vor dem Restaurant ausgestellt wird. Zur Mittagszeit ist hier eine Reservierung dringend erforderlich.

58 [fj] **Brasserie Kirchberg** €–€€, Rue de Kirchberg 193, www.brasseriekirchberg.lu. Französische Kochkunst, auch auf der ruhigen, begrünten Terrasse.

59 [D3] **Café Français** €–€€, Place d'Armes 14, Tel. 474534. Restaurant-Brasserie mit traditionell blau-weißer Markise. Auf der schönen Platzterrasse sitzt man unter hundertjährigen Linden, schaut den Flaneuren zu, hört und sieht ein Konzert auf der nicht weit entfernten Bühne – und fühlt sich ein klein wenig wie in Paris.

60 [E3] **Chiggeri** €–€€, Rue du Nord 15. Tel. 229936. Schlendert man die Rue du Nord hinauf, findet man dieses kleine, edle Restaurant in historischen Mauern. Ein Blick ins Innere lohnt ebenso wie die Küche. Besonders empfehlenswert ist die wunderschöne Sommerterrasse rechts am Straßenrand mit Blick auf die Altstadt. Die Stadt scheint hier, gleich hinter der Terrasse, hinunter in die Tiefe zu stürzen.

61 [D4] **Frenchie** €–€€, Rue Notre-Dame 23–25, Tel. 223739. Schönes Terrassenrestaurant und Bar mit Blick auf die Gëlle Fra.

Dinner for one

Wer alleine unterwegs ist, kann in folgenden Lokalen in angenehmer Atmosphäre auch solo speisen:

> **Bistrot de la Presse** (s. S. 28)
> **Bodega** (s. S. 23)
> **Chocolate Company Bonn** (s. S. 28)
> **kjub** (s. S. 39)
> 🕐67 [D3] **mi&ti** €€, Avenue de la Porte-Neuve 8. Das kleine hübsche Lokal, das sich „Bottega Ristorante" nennt, ist wie geschaffen für einen leckeren Happen im Vorbeigehen. Man sucht sich Käse oder Schinken aus der Vitrine aus und lässt sich ein frisches Ciabatta mit Tomaten und Mozzarella reichen. Voilà.
> **Sushi Place** (s. S. 25)

Für den späten Hunger

Wen der späte Hunger quält, könnte in Luxemburg einige Probleme bekommen. Am besten essen sich richtige Nachteulen am späten Abend noch so richtig satt, bevor die Nacht hereinbricht. Doch in den folgenden Lokalen gibt es auch bis 2 Uhr nachts noch etwas auf den Teller:

> 🕐68 [C1] **Magnum**, Avenue de la Faïencerie 14, Limpertsberg, Tel. 26203012, Mi 22–3 Uhr, Fr und Sa 22–5 Uhr. Das Magnum ist einer der ganz wenigen Klubs, die ein Night-Dining anbieten. Kein Fast Food, sondern exquisites Essen, auf Wunsch auch mit Champagner.
> 🕐69 [D5] **Saumur** €, Rue Dicks 13, Tel. 490552. Wegen der hungrigen Gäste der Lokale des Bahnhofsviertels ist dies wohl der einzige Platz der Stadt, der auch mitten in der Nacht noch warme Speisen anbietet. Ein Geheimtipp also!

Lokale mit guter Aussicht

In Luxemburg gibt es sehr viele Restaurants, Cafés und Bistros mit Aussicht auf die großen Plätze, die Schlucht der Alzette oder mit Blick ins Grüne. Hier eine Auswahl:

> **Am Tiirmschen** (s. S. 22): Blick auf die Altstadt
> **Brasserie Guillaume** (s. S. 26): Blick auf den Place Guillaume II.
> **Café Français** (s. S. 26): Blick auf den Place d'Armes
> **Frenchie** (s. S. 26): Blick auf die Gëlle Fra und die Türme der Sparkasse
> **Juegdschlass** (s. S. PB): Blick auf den Luxemburger Wald Bambësch
> **kjub** (s. S. 39): Aussicht auf wunderbare Kunst
> **Le Sud** (s. S. 24): Blick auf das Clausener Tal

Raucher willkommen

Grundsätzlich ist in Lokalen, in denen kein Essen ausgegeben wird, das Rauchen erlaubt. Doch in einigen Lokalen raucht es sich in Gesellschaft besonders gut.

> **Art Café** (s. S. 28)
> **Bistrot de la Presse** (s. S. 28)
> **Hotel Sofitel** (s. S. 128): Vom Atrium gelangt man in die verglaste Habana Lounge mit edlen, schweren Klubsesseln und u. a. einer reichen Auswahl an kubanischen Zigarren.
> **Theaterstuff** (s. S. 43)
> **Urban** (s. S. 32): Geraucht wird hier drinnen wie draußen gleichermaßen.
> **Villa Aura** (s. S. 25): In der ersten Etage laden schwere rote Ledersessel die Raucher in die Smokers Lounge.
> **Westeschgaart** (s. S. 32)

🕐62 [G3] **IKKI** €€, Rue Émile Mousel 2, Rives des Clausen, Tel. 496940, www.ikki.lu. Ein neues edles Restaurant mit Fusion-Küche (französisch-italienisch-japanisch) und wunderbarer Sommerterrasse mit Blick auf die Alzette. Besonders empfehlenswert sind die Sushi-Varianten.

> **Jugendherberge** € (s. S. 129). Das gastronomische der Luxemburger Jugendherberge ist absolut empfehlenswert.

Die französisch inspirierte Küche ist nicht nur außergewöhnlich preiswert, auch die Aussicht im Clausener Tal lohnt eine kleine Reise hinunter in die Schlucht.

🎧63 [G2] Les Jardins du Président €€–€€€, Place Sainte Cunégonde 2. Mediterrane Küche in Clausen.

🎧64 [G3] Mansfeld Club Restaurant €€, Rue de Tour Jacob 3. Französische Spezialitäten in einer alten Brauerei.

❭ Melusina €–€€ (s. S. 32). Das im Tal in Clausen gelegene Lokal serviert internationale Kost.

Cafés und Bistros

Im Frühjahr und Sommer verwandelt sich das Herz Luxemburgs, der **Place d'Armes** ⑩, in ein einziges großes Straßencafé mit Hunderten von Sitzmöglichkeiten. Der Übergang von einem Café zum nächsten ist zur warmen Jahreszeit nur durch kleine „Laubentrenner" zu erkennen. Die alten Lindenbäume und die zentrale Konzertbühne mit kostenlosen kulturellen Überraschungen machen diesen Platz zum wahrscheinlich schönsten Flanierstück Luxemburgs. Doch nette Cafés, Bistros und Brasserien hat die Stadt auch anderswo zu bieten:

🔵70 [D3] Art Café €–€€, Rue Beaumont 1. Dekoratives Restaurant-Café mit theatralisch-plüschig-rotem Interieur. Man findet es im Innenhof des Kapuzinertheaters mit schöner Terrasse. Sonntags auch von 14 bis 24 Uhr geöffnet.

🔵71 [E6] Bistrot au St. Germain de Prés €, Rue Origer 12. Neues Café im Pariser Stil mit Kaffee aus aller Welt, u. a. Kuba, Jamaika, Hawaii und Papua-Neuguinea!

🔴72 [E3] Bistrot de la Presse €, Rue du Marché-aux-Herbes 24. Tipp des Autors. Genau gegenüber dem Großherzoglichen Palais liegt diese kleine, gemütliche Bistro-Kneipe. Bei hervorragender luxemburgischer Küche wie Kartoffelpuffern mit Hering oder der köstlichen

Bouneschlupp kommt man hier sehr leicht mit Luxemburgern ins Gespräch. Zudem kann man an den Wänden all das bewundern, was dem Hauptstädter gut und teuer ist: die Großherzogliche Familie und deren Geschichte.

🔴73 [E5] Bistrot Place de Paris €, Rue Fort Elisabeth 31. Ganz neues Bistro mit gutem warmem Sauerkraut.

🔵74 [D6] Brasserie Café Relax €, Rue de Strasbourg 27. Eines der wenigen Cafés, in denen man auch Fußball schauen kann, und zwar von 6 Uhr morgens bis 1 Uhr nachts.

🔵75 [E3] Chocolate Company Bonn €, Rue Marché-aux-Herbes 20, Mo–Fr 7–20, Sa 9–20, So 10–20 Uhr. Kleine, aber feine Adresse für alle Schleckermäuler direkt gegenüber dem Großherzoglichen Palais. Im ersten Stock des Hauses aus dem 15. Jahrhundert kann man alle unten im Laden angebotenen Köstlichkeiten in Ruhe genießen, zum Beispiel Holländische Hotchospoons mit Pistazienschokolade.

🔵76 [D3] Kaempff-Kohler €–€€, Place Guillaume II. 18. Direkt in der Passage zum zentralen Altstadtplatz liegt diese Confiserie, in der man weit mehr als nur Kaffee und Kuchen findet. Unbedingt probieren: das Mandelgebäck, „Dacquois" genannt, und die Rieslingpasteten.

🔵77 [F2] MUDAM-Café €, Park Dräi Eechelen 3. Sonntags 11–15 Uhr kann man im Café des Museums MUDAM brunchen. Während der Woche gibt es hier bis 15 Uhr leckere Gerichte, z. B. Salat mit geräucherter Forelle.

🔵78 [D3] Namur €€, Rue de Capucins 27, www.namur.lu. Die Confiserie Namur ist nicht nur die älteste Konditorei in der Stadt sondern auch seit 1904 offizieller

▶ *Im Bistrot de la Presse speisen auch Parlamentarier gerne*

Lieferant des Großherzoglichen Hofes. Eine Institution und ein Paradies für Schleckermäuler. Köstlich die Mandeltorte Richelieu, der Schokoladen-Kirsch-Rehrücken, die Brioches und natürlich die hausgemachten Pralinen.

○**79** [E3] **Pâtisserie Oberweis** €€, Grand-Rue 19–21, www.oberweis.lu. Die Konditorei Oberweis serviert zur warmen Jahreszeit direkt am Freisitz in der Fußgängerzone die beliebten Rharbarber-Erdbeer- oder Aprikosen-Torten, Trüffel oder Eisspezialitäten.

LUXEMBURG AM ABEND

Das angesagteste Vergnügungsviertel Luxemburgs ist das Rives des Clausen. Dort im Tal der Alzette sind die Klubs und Nachtbars unter dem Bogen des Viadukts in den letzten Jahren wie Pilze aus dem Boden geschossen. In der alten Amüsiermeile Hollerich dagegen ist es ein wenig ruhiger geworden. Als neuer Stern am abendlichen Ausgehhimmel erstrahlt der Fischmarkt ⑥ in der Altstadt und auch der Kirchberg versucht mit edlen Klubs und nächtlichen Kunstevents zu glänzen.

NACHTLEBEN

Ausgehzonen

Wer die belebten Hotspots in der **Altstadt** vermeiden möchte, besucht abends die **Bars und Terrassencafés entlang des Boulevards F. D. Roosevelt** [D/E4]. Hier bieten sich die spektakulärsten Ausblicke auf das nächtliche Panorama, auf die Schlucht und den Stadtteil Grund. Die sehr schön ausgeleuchteten Brücken verleihen der Stadt hier am Abend durchaus einen südländischen Charakter. Etwas quirliger geht es in der Altstadt am **Fischmarkt** ⑥ zu. In dieser Gegend findet man einige der angesagtesten Bars, Lounges und Kneipen der Stadt.

Der unbestreitbare Vorteil Luxemburgs liegt darin, alle nächtlichen Amüsierviertel bequem zu Fuß erreichen zu können. Mit dem Lift (s. S. 59) geht es von der Altstadt durch die Felsen hinunter in die **Unterstädte Grund** und **Clausen.** Während der Grund hierbei vor allem diejenigen anzieht, die gerne ein gepflegtes Moussel- oder Battin-Bier in gemütlicher Runde zu sich nehmen möchten, steppt in Clausens hippem **Vergnügungsviertel Rives de Clausen** der Tanzbär. Von einigen Tanzflächen der Musikklubs kann man direkt in die Gastro-Lounge edler Restaurants hinüberswingen, die dem nächtlichen Treiben im Tal der Alzette auch kulinarischen Glanz verleihen. Sei es zu einem Aperitif im Bar-Restaurant Ikki (s. S. 27), bei brasilianischen Spezialitäten im Agua de Coco (s. S. 30) oder zum Ende des Abends im King Wilma (s. S. 31), einer Bar mit prähistorischem Ambiente – mittlerweile gibt es über 30 Bars und Restaurants im neuen Szeneviertel, viele auch mit direktem Shuttlebus-Anschluss hinauf zum Glacis-Platz in der Oberstadt.

Das Schöne am Nachtleben in Luxemburg ist die Vielfalt und dass es hier keinen spezifischen Dresscode gibt. Besonders leger geht es dabei im Viertel **Hollerich** in Bahnhofsnähe zu, das vor allem bei rockbegeisterten Jugendlichen sehr beliebt ist. In den dort ansässigen Klubs mit Livemusik kann man die – angesichts der Größe des Landes – **erstaunlich vielfältige Musikszene** bestaunen.

Vom **Kirchberg** aus kann man nachts den wahrscheinlich schönsten Ausblick auf den Lichterglanz der Europa-Stadt Luxemburg genießen. Eine echte Nightlife-Überraschung hat die hier ansässige Luxemburger Philharmonie **40** mit ihren nächtlichen Konzerten zu bieten.

Bars, Klubs und Kneipen

⓿80 [G3] **Agua de Coco,** Rive de Clausen 2, Rue Émile Mousel, Tel. 26270804, Di–Sa 10–1 Uhr. Der wohl schönste Ort der Stadt, um sich den Rhythmen von Salsa, Samba und Merengue hinzugeben. Am Wochenende feiert man hier die „Nuit Blanche", die „Weiße Nacht",

EXTRAINFO

Achtung: Große und kleine Biere!

Als die Europäische Union die Füllmengen bei Biergläsern europaweit auf 0,2 und 0,3 sowie auf 0,4 und 0,5 Liter festsetzte, gelangten die Traditionen der Luxemburger ins Wanken. Für einen echten Luxemburger fasste seine **Flûte** oder sein **Mini** genau 0,25 Liter und ein **Humpen** 0,33 Liter Bier. Heute sind die Füllmengen zur Freude der Brauereien heraufgesetzt worden und man erhält die *Flûte* und das *Mini* mit 0,3 und den Humpen mit 0,4 Liter. Die nächste Stufe ist dann der halbe Liter Bier, die

sogenannte **Klensch**. Und getoppt wird die *Klensch* dann vom **Stiwwel** (dem Stiefel), der traditionell einen Liter Bier aufnehmen kann. Also aufgepasst: Bestellt man in den Altstadtkneipen als Tourist ein großes Bier, kann es einem zu spätabendlicher Stunde passieren, dass der Wirt gleich einen *Stiwwel* auf den Tisch stellt. Hervorragend schmeckt übrigens der **Gezwickelte**, ein ungefiltertes, nicht zu starkes Hefebier, das man üblicherweise in einer *Klensch* trinkt.

die nie enden wird. Sie endet aber dann doch – so etwa um 3 Uhr.

❯ **Apoteca** (s. S. 22), Di–Do 17–1 Uhr, Fr–Sa 17–4 Uhr. Das Edelrestaurant besitzt neben einer schönen Terrasse auch eine sehr hippe Bar mit kleiner Tanzfläche. Hier legen Mi, Fr u. Sa DJs auf.

❶**81** [D3] **Bar à vin**, Rue des Capucins 31, Altstadt, Tel. 26262126, Di–Fr 11–19 Uhr. Nomen est omen: Hier gibt es vor allem guten Wein.

❷**82** [E4] **Café des Artistes**, Montée du Grund 22, Tel. 461327, Mi–Sa 18–2 Uhr, So–Di geschl. Piano-Soirees finden in dieser urgemütlichen Musik- und Künstlerkneipe von mittwochs bis samstags ab 22 Uhr statt. An manchen Abenden greift dabei der Besitzer selbst in die Tasten. Seine humorvollen Einlagen haben in Luxemburg Kultstatus. Das Café des Artistes ist einer der wenigen Orte der Stadt, an dem man auch luxemburgische Lieder hören kann, aber eben auch Chansons von Kurt Weill oder Edith Piaf in der jeweiligen Originalsprache.

◀ *Larry Coryell and friends - kostenloses Konzert im Stadtteil Grund*

❯ **Chiggeri** (s. S. 26), Di–Do 10–1 Uhr, Fr–Sa 11–3 Uhr, Di 11–19 Uhr. Eine kleine Reise in die Vergangenheit verspricht das warme Interieur, doch die Küche und die Getränke dieses Bar-Cafés sind recht modern.

❶**83** [E3] **go Ten**, Rue Marché-aux-Herbes 10, Altstadt, Tel. 26203652, Mo–Fr 10–1, Sa 14–1 und So 17–1 Uhr. Sebastiaan van der Weerden hat hier, gleich in der Nähe des Großherzoglichen Palais, ein kleines Juwel geschaffen. Japanisch inspiriert sind nicht nur das Interieur, sondern auch die Gerichte. Viele der Cocktails sind ebenfalls exotisch anders. Wunderbare Abfeier-Location mit Mooswand und schönem Blick durch die breite Fensterfront auf die Altstadt.

❶**84** [G3] **King Wilma**, Rive de Clausen 2, Rue Émile Mousel, Tel. 691112339, Mi–Sa 19–1 Uhr. Wer diese Bar betritt, macht, zumindest was das Interieur betrifft, einen Nachtflug in die Urzeit. Als Ambiente dient u. a. ein neonblau beleuchtetes Dinosaurierskelett, die Tische sind aus Baumstämmen gemacht und man sitzt auf Stühlen aus Leder und Schaffell. Die urige Bar spielt hauptsächlich Musik aus den 1980er-Jahren.

❷**85** [F4] **Scott's Pub**, Bisserwee 4, Grund, Tel. 226475, tägl. 11–1 Uhr. Gute

016lu Abb.: jr

City Night Bus

Parkplätze sind in Luxemburg Luxus, vor allem am Wochenende. Auf keinen Fall sollte man mit dem Auto in die Amüsierviertel der engen Unterstadt fahren. Warum auch? Alle Kneipen, Restaurants und Diskotheken sind bequem zu Fuß oder mit dem Lift (s. S. 59) zu erreichen. Außerdem existiert ein höchstwahrscheinlich einmaliges Angebot: ein **kostenloser City Night Bus,** der freitags und samstags zwischen 21.30 Uhr und 3.30 Uhr im 15-Minuten-Takt zwischen Gaststätten, Diskotheken und Kinos hin und her pendelt. Die drei Linien des Nachtbusses fahren dabei auch Park-and-Ride-Plätze in der Peripherie und Parkhäuser im Zentrum an.

Die wohl wichtigste Linie ist der City Night Bus 1. Er fährt durch alle kneipenrelevanten Bezirke: vom P-&-R-Platz an der Route de Bouillon (Bahnhofsviertel) über Hollerich, Bahnhof, City, Altstadt, Unterstadt (Grund, Clausen) und wieder zurück. Man erkennt die bunt angemalten Busse auch noch im feuchtfröhlichen Zustand. Sie halten an allen Stellen, die mit dem City-Night-Bus-Logo gekennzeichnet sind.

Mischung aus irischem Pub (unten), Diskothek (oben) und Biergarten. Viele Livekonzerte, ab und an auch einmal Stand-up-Comedy.

❶86 [G3] **The Pyg,** Rue de Tour Jacob 19, Clausen, Tel. 420860, So–Do 17–1, Fr

und Sa 17–3 Uhr. Authentischer Irish Pub mit toller Atmosphäre und samstäglicher Livemusik.

❸87 [E3] **The Tube,** Rue Sigefroi 8, Altstadt, Tel. 26201258, Mo–Do 17–1 Uhr, Fr u. Sa 17–3 Uhr, So geschl. Britische Kneipe mit Sportübertragungen.

❸88 [E3] **Urban,** Rue de la Boucherie 2, Altstadt, Tel. 26478578, an 365 Tagen im Jahr geöffnet, So–Do 11–1, Fr und Sa 11–2 Uhr. Angesagte Gaststätte mit großer Terrasse. Freitags und samstags legt der DJ Funk und Rock auf. Sportfans kommen dank zweier großer Plasmabildschirme auf ihre Kosten.

❸89 [C1] **Westeschgaart,** Allée Scheffer 41, Tel. 221736, Di–Sa 9–24 Uhr, So./ Mo. geschlossen. Urige, typisch luxemburgische Kneipe in alter Manier, direkt am Glacis-Platz im Stadtteil Limpertsberg. Die Kneipe ist allerdings nichts für Nichtraucher, denn es gibt keinen separaten Raucherraum.

Tanzbars und Discos

❷90 [C7] **Cat Club,** Rue de l'Aciérie 18, Hollerich, Tel. 40081569, Mo–Sa 18–1 Uhr. Seit über 10 Jahren bietet der Cat Club eine verblüffende Mischung aus Topgastronomie (thailändisch-europäische Fusion-Küche) und Tanzpalast. Einige Medien bezeichnen diesen Klub als sexy und dekadent, ein ernergiegeladener Nightspot ist er allemal.

❷91 [E4] **d:qliq,** Rue de Saint-Esprit 17, Altstadt, Tel. 267362, Mo–Do 17–1 Uhr, Fr–Sa 17–3 Uhr. Die etwas gewöhnungsbedürftige Schreibweise des Klubnamens darf einen nicht irritieren. Gesprochen wird der Name wie das deutsche „Klick" mit einem „D" davor (frz. *de clique*). In dem zweistöckigen Haus wird unten getanzt und oben entspannt. Mittwochs gibt es Mojitos und Caipirinhas für 5 €.

❷92 [F3] **Melusina,** Rue de la Tour Jacob 145, Clausen, Tel. 435922, Restaurant: Di–Sa 11–14 u. 19–22 Uhr, Klub: Mo,

Di, Do 19–1 Uhr, Mi, Fr, Sa 22–1 Uhr. Das nach einer Nixe benannte Melusina macht sowohl als Restaurant wie auch als Bar, Lounge, Klub und Diskothek eine gute Figur. Hier kann man sich vor dem Klubabend in angenehmer Atmosphäre zu vernünftigen Preisen stärken, bevor es dann auf die Tanzfläche geht. Bevorzugte Musikrichtungen sind House, RnB und ab und an etwas Jazz.

93 [D7] **The Point,** Rue de Hollerich 48, Sa, So 18–6 Uhr. Traditionsreicher Tanzschuppen, in dem man auf zwei Tanzflächen bis in die frühen Morgen abtanzen kann. Viele sehr junge Besucher. House, Techno, Electro, Funk, Punk, Rock.

BÜHNEN

Jazz und Blues

Jährlich findet vor den imposanten Felskulissen der Festungsstadt die **Blues'n Jazz Rallye** statt. Die Viertel Grund und Clausen verwandeln sich dabei in ein einziges riesiges Open-Air-Festivalgelände, auf dem sich über 60 Bands auf 12 Freilichtbühnen präsentieren. Auf dem zentralen Platz der Abtei Neumünster drängen sich die Menschen zu den kostenlosen Konzerten. Wo kann man sonst den Gitarristen Larry Coryell erleben – umsonst und draußen? Doch Jazz und Blues spielt man in Luxemburg natürlich auch an anderen Orten:

35 [F3] **Abtei Neumünster.** Das kulturelle Zentrum der Begegnung (CCRN) ist Spielstätte der Bewegung, die sich JAIL nennt. Das Kürzel steht für „Jazz in Luxemburg". JAIL lässt in der Brasserie der Abtei oder im Salle Krieps zur sonntäglichen Jazz-Matinee oder zum Apéro-Jazz aufspielen. Auch Keith Jarrett spielte hier einst zum Frühstück.

› **Grand Théâtre de la Ville** (s. S. 36). Hier im großen Stadttheater Luxemburgs haben bereits die ganz großen gespielt, von

Charlie Mingus, Joe Henderson, Philip Catherine, N.-H. Ørsted Pedersen, Jan Garbarek über Albert Mangelsdorff und Wolfgang Dauner bis hin zu Don Cherry, Trilok Gurtu, Anthony Braxton und wie sie alle heißen.

40 [G1] **Philharmonie,** Tel. 2602271, Karten auch im Internet über www.philharmonie.lu. Leider hat die wirklich imposante Philharmonie einige Jazzgrößen des 40 Jahre exisitierenden Jazzclubs abgeworben, der nach dem Kulturjahr sein Engagement in Sachen Jazz dann einstellen musste. Schade um den kleinen Jazzclub, gut für die „große Veranstaltungskunst" und große Bühne.

Kabarett

In Deutschland, Österreich und der Schweiz nennt man es Kabarett, doch die Luxemburger geben der Sache gerne die französische Bezeichnung *Café-théâtre.* Es ist eine luxemburgische Tradition, am Ende des Jahres das Geschehen in einer satirischen Revue aufzuarbeiten. Die berühmten Ensembles, die die bissigsten Texte fabrizieren, heißen Cabarenert, Makadammen, Stëppelkotteng oder Sténkdéier.

› **Robert-Krieps-Saal** der Abtei Neumünster **35**. Im Volksmund nennt man diese Spielstätte auch *Tutesaal,* also „Tütensaal", denn zwischen 1869 und 1985 war er Bestandteil eines Männergefängnisses. Dort, wo die Gefangenen einst Papiertüten zusammenklebten und Weidensitze anfertigten, spielen heute die besten Kabarettgruppen des Landes, so beispielsweise die Gruppe Cabarenert. Wenn sich die Gruppe zur *Kriis de Luxe* äußert, tut sie es natürlich in der Landessprache Lëtzebuergesch.

◀ *Der kostenlose City Night Bus bedient die Ausgehviertel der Unterstadt*

Konzerte

94 [C7] **Den Atelier,** Rue de Hollerich 54, Tel. 4954851, www.atelier.lu. Nachtklub der Extraklasse, in dem bereits zahlreiche Rockgrößen, Jazzstars und Musiklegenden aufgetreten sind, beispielsweise Jane Birkin, Al Di Meola, Lily Allen, Cyndi Lauper oder The Smashing Pumpkins. Der musikalische Schwerpunkt der Veranstaltungen liegt in den letzten Jahren vermehrt auf Rock – und Indie. *Den Atelier* ist übrigens Luxemburgisch und bedeutet übersetzt Die Werkstatt. Ursprünglich befand sich hier eine Renault-Werkstatt, die zum Musikklub umgebaut wurde.

95 [B7] **Exit 07,** Rue de l'Aciérie 1. Tel. 26622007, www.exit07.lu. Das Exit07, das die Einheimischen auch unter dem Namen „Carreé Rotonde" kennen, wurde 2007 aus der Taufe gehoben, als Luxemburg zur Europäischen Kulturhauptstadt auserkoren wurde. Seitdem geben sich im Hollericher Bahnhofsviertel experimentierfreudige Musiker die Klinke in die Hand. Doch im Exit07 gibt es weitaus mehr als nur intelligente Indie-Musik zu hören, hier finden auch Filmworkshops, Tanzperformances, Puppentheater- sowie Schattentheateraufführungen, Lesungen und vieles mehr statt.

40 [G1] **Philharmonie.** Die 2005 eröffnete, architektonisch beeindruckende Philharmonie beherbergt heute das Philharmonische Orchester von Luxemburg und einen Konzertsaal, der über 1300 Besuchern Platz bietet.

96 **Rockhal,** Avenue du Rock'n'Roll 5, Esch/Alzette, Tel. 245551, www.rockhal.lu. Die Rockhal ist die berühmteste Konzerthalle des Landes. Insgesamt vier Hallen gehören zum „Centre de musiques amplif", wie die Rockhalle mit offiziellem Namen heißt. In den größten Saal passen 6500 Zuschauer. Wer Depeche Mode, Kylie Minogue, Tokio Hotel oder Die Toten Hosen sehen möchte, muss dazu allerdings eine kleine Anfahrt in Kauf nehmen. Die Rockhal in Esch/Alzette ist von

▼ *Architektonisch und akustisch außergewöhnlich: die Luxemburger Philharmonie* **40**

Luxemburg-Stadt aus in 40 Minuten mit dem Auto oder Bus zu erreichen.

97 [G3] **Verso,** Rives de Clausen 17, www.verso.lu, Di, Do 20–1 Uhr, Fr, Sa 20–3 Uhr. Der Klub hat regelmäßig Rockkonzerte im Programm und unterstützt dabei auch einheimische Bands. Berühmt sind die freitäglichen Nächte mit DJ Dee.

Kino

Es gibt nicht viele kleine, unabhängige Kinos in der Stadt Luxemburg. Die beiden wichtigsten tragen fast den gleichen Namen – kein Wunder, sie gehören wie sechs weitere Kinos im Land demselben Eigentümer.

98 [gi] **Utopolis,** Avenue J. F. Kennedy 45, Tel. 429511, www.utopolis.lu. Der größte, hochmoderne Kinokomplex am Kirchberg umfasst zehn Säle mit insgesamt über 2700 Plätzen, eine kleine Kinostadt mit neun eigenen Restaurants bzw. Bistros. Gezeigt wird aktuelles, meist amerikanisches Mainstreamkino. Alle Filme laufen in der Originalsprache (mit französischen oder deutschen Untertiteln), dadurch kommen die Filme in Luxemburg meist 2 bis 3 Monate früher ins Kino als in Deutschland, wo sie ja meist erst noch synchronisiert werden müssen.

99 [C1] **Cinema Utopia,** Avenue de Faïencerie 16. Tel. 224611, www.utopolis.lu. Dieser Komplex mit fünf Kinosälen für 720 Besucher liegt im Stadtteil Limpertsberg. Weil das Utopia in der Auswahl seiner Filme kritischer ist, finden auch kleinere Filme und Festivalbeiträge ihren Platz.

RADIO, FERNSEHEN UND FILM

Jeder kennt den Fernsehsender RTL, doch wer weiß schon, dass der Geburtsort des deutschsprachigen Privatfernsehens in Luxemburg liegt? RTL fing einst als einfacher Radiosender **Radio Tele Luxemburg** *an. Und weil es ein luxemburgischer Sender war, strahlte man die Nachrichtensendung „Hei Elei – Kuck Elei" bis 1988 auf Lëtzebuergesch aus. Zu den bekanntesten Moderatoren dieser sogenannten „Vier fröhlichen Wellen" zählten anfangs Camillo Felgen, Frank Elstner, Thomas Gottschalk und Désirée Nosbusch.*

Seit den 1990er-Jahren entstand in Luxemburg auch eine **erstaunlich produktive Filmindustrie,** *die jährlich bis zu zwölf Spielfilme produziert. Erstaunlicherweise können im kleinen Luxemburg mittlerweile über 500 Filmemacher von ihrem Beruf leben. Die Luxemburger Altstadt ist dabei eine beliebte Kulisse für Co-Produktionen mit ausländischen Partnern. Man durfte sich also in den letzten Jahren nicht wundern, wenn einem in der Altstadt plötzlich John Malkovich, Nicolas Cage, Catherine Deneuve oder Al Pacino über den Weg liefen.*

Die Gebäude und alten Gemäuer der spektakulären Festungsstadt geben auch eine wunderbare **Filmkulisse** *ab. Für den Film „Der Kaufmann von Venedig" mit Al Pacino hat man es sogar mithilfe einiger künstlicher italienischer Fassaden geschafft, in der Innenstadt Luxemburgs das typische Venedig-Flair aufkommen zu lassen.*

Ein immer gern gesehener Gast ist übrigens der Luxemburg-Fan **Gérard Depardieu.** *In einem seiner Werbespots über guten Wein spricht er sogar Luxemburgisch (mit nachsynchronisierter Stimme).*

Oper, Theater und leichte Muse

Es waren die Jesuiten, die sich im 16. Jh. in Luxemburg-Stadt niederließen und die ersten Theaterstücke inszenierten. Besonders populär wurde das Theater durch die Aufführung des ersten Theaterstücks in luxemburgischer Sprache, dem „Scholdschäin" von Edmond de la Fontaine. Trotz des bezeichnenden Namens wird die Operette „Der Graf von Luxemburg" von Franz Lehár auf den Bühnen der Stadt übrigens selten gespielt.

Die **Theater- und Opernszene** Luxemburgs ist **modern ausgerichtet** und bringt seit dem Kulturjahr 2007 vermehrt avantgardistische Kunst auf die Bühnen der Stadt. Aufgeführt werden die Stücke in französischer und deutscher, englischer, niederländischer und sogar in portugiesischer Sprache. Theater spielt man in Luxemburg jedoch nicht nur im Theater, sondern auch in ehemaligen Schlachthöfen, Scheunen, Straßentunnels, Industriehallen und sogar in Teilen der Festung.

↻**100** [D1] **Grand Théâtre de la Ville,** Rond-Point Schuman 1, Tel. 47963900, www.theatres.lu. Selbstverständlich werden am Großen Theater der Stadt große Theaterstücke und Opern aufgeführt. Doch außerdem widmet man sich hier dem Musical, dem Tanz- und dem Kindertheater. Die Leinwand im Studio des Grand Théâtre flankiert die Bühnenstücke gerne mit passend dazu eingespielten Filmsequenzen.

❯ **Kasemattentheater,** Tel. 291281. Das Kasemattentheater hat keine feste postalische Adresse, da seine Aufführungen seit 1965 im Rahmen des Theaterfestivals in den Festungsmauern, den Bockkasematten ❷ der Stadt Luxemburg, stattfinden. Allerdings gelang es dem Theater 1998, einen eigenen Saal in der Rue du Puits in Luxemburg-Bonneweg zu finden, der nach dem Gründer des Kasemattentheaters „Saal Tun Deutsch" heißt.

↻**101** [D3] **Théâtre des Capucins,** Place du Théâtre, Tel. 47964054, www.theatres.lu. Das zentral gelegene Kapuzinertheater zeigt selten Klassiker, gerne aber Komödien und Avantgardistisches.

↻**102** [E3] **Théâtre du Centaure,** Grand Rue 4, Tel. 222828, www.theatres.lu. Das 1973 gegründete kleine Altstadttheater mit 50 bequemen Sesseln in einem historischen Kellergewölbe zeigt jährlich drei bis vier junge Stücke und Klassiker in den drei Landessprachen Deutsch, Luxemburgisch, Französisch.

↻**103** [bl] **Théâtre National,** Route de Longwy 194, www.theatres.lu, Tel. 26441270. Das Sprech- und Musiktheater inszeniert Theaterstücke und Opern in deutscher, französischer und luxemburgischer Sprache. Alle zwei Jahre gibt es die Veranstaltung „Stückemarkt", bei der neue, unveröffentlichte Theatertexte von Schauspielern vorgelesen und für die Bühne entdeckt werden.

▶ *Kunstwerk des belgischen Konzeptkünstlers Wim Delvoye im MUDAM* ④

◀ *Manch ein Übungsraum erinnert an die Festungskasematten*

018lu Abb.: jr

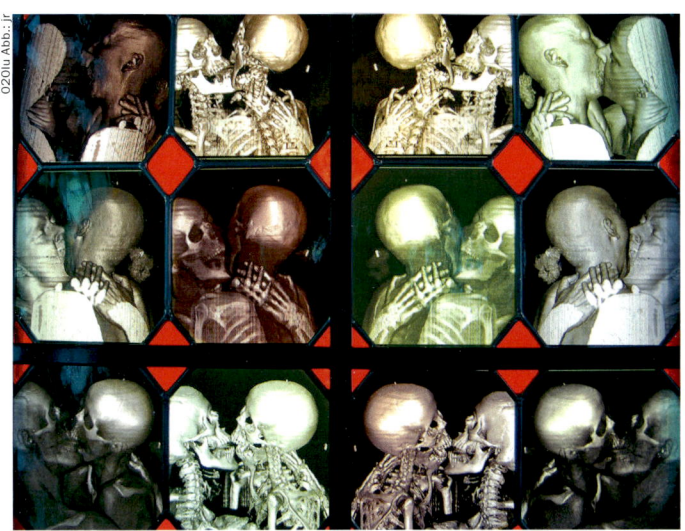

020lu Abb.: jr

LUXEMBURG FÜR KUNST- UND MUSEUMSFREUNDE

MUSEEN

Natürlich besitzt Luxemburg ein eigenes, sehr spannendes Bankenmuseum. Außerdem allerdings noch: ein Straßenbahnmuseum, das Casino Luxembourg, ein Forum der zeitgenössischen Kunst (MUDAM), ein historisches Museum, das Musée Dräi Eechelen, das Nationalmuseum für Naturgeschichte und noch einige andere mehr.

⑭ [D4] Casino Luxembourg. Das Casino nennt sich auch „Forum für zeitgenös-

Museen, die mit einer magentafarbenen Nummer (⑭) als Hauptsehenswürdigkeit ausgewiesen sind, werden im Kapitel „Luxemburg entdecken" ausführlich beschrieben. Dort finden sich auch alle praktischen Informationen wie Adresse, Öffnungszeiten usw.

sische Kunst". Es befindet sich heute in dem prachtvollen neoklassizistischen Bau des 1880 erbauten Casino Bourgeois, einem ehemaligen Konzerthaus, in dem Franz Liszt einst sein letztes Konzert gab und das auch Winston Churchill zu seinen Besuchern zählte. Heute sind im Museum über 15.000 Künstler dokumentiert, die hier seit 1995 ausgestellt wurden. Neben Wechselausstellungen finden auch Kunst-Workshops und donnerstags ab 19 Uhr kostenlose Konzerte statt.

④ [F2] MUDAM – Musée d'Art Moderne Grand-Duc Jean. Das erste Museum für zeitgenössische Kunst in Luxemburg zeigt auf drei Etagen und 4500 m² Ausstellungsfläche Werke zahlreicher internationaler, moderner Künstler. Das Gebäude des Architekten I. M. Pei fügt sich dabei wunderbar in sein natürliches und historisches Umfeld ein, denn die alten Wallmauern und die Überreste des Fort Thüngen bestimmen seinen Grundriss.

🏛**104** [D4] **Musée de la Banque,** Place de Metz 1, Tel. 40152075, www.bcee.lu, Mo–Fr 9–17.30 Uhr, Eintritt frei, Bushaltestelle „Martyrs". Was wäre ein Besuch in Luxemburg ohne den Besuch einer Bank?! Das 1995 eingeweihte Musée de la Banque (BCEE) befindet sich in der ehemaligen Schalterhalle des historischen Gebäudes der Staatsbank, deren hoher runder Turm jenseits der Adolphe-Brücke heute das bekannteste Symbol der Bankenbastion Luxemburg ist. Im sehr sehenswerten Museum steht nicht nur ein riesiger Safe sperrangelweit offen, man ist auch eingeladen, sich ein kurzes Video von den schönsten Banküberfällen der Filmgeschichte anzusehen. Auf über 600 m² kann man sich die Entwicklung des Geldes sowie die Geschichte der Bank und ihrer kleinsten Filialen, den Sparbüchsen, ansehen. 150 Jahre Tradition und Moderne im Bankenwesen, sehr einfallsreich und kurzweilig dargestellt.

42 [F2] **Musée Dräi Eechelen.** Nach umfangreichen Freilegungsarbeiten wurde das Fort Thüngen auf dem Kirchberg 2009 zu einem Museum umgebaut. Es gelang der Stadt Luxemburg hier eindrucksvoll, das ursprüngliche Erscheinungsbild mit den drei mächtigen, je von einer Eichel gezierten Türmen wiederherzustellen. Im Innern des Museums dreht sich alles um die Geschichte der Festung und des Fort Thüngen. Von dem das Museum umgebenden Park namens „Dräi Eechelen" (dt. Drei Eicheln) hat man zudem eine herrliche Aussicht auf die Altstadt und das Tal der Pétrusse und Alzette.

7 [E3] **Musée National d'Histoire et d'Art (Nationalmuseum).** Das 2005 komplett neu gestaltete Museum zeigt Kunsthandwerk und Volkskunst, Festungs- und Waffenkunst – teilweise in in den Fels gehauenen, unterirdischen Sälen. Besonders sehenswert: die Sammlung luxemburgischer Kunst von 1839 bis 1960.

🏛**105** [E3] **Musée National d'Histoire Naturelle (Museum für Naturgeschichte),** Rue Münster 25, Tel. 4622331, www.mnhn.lu, Di–Fr 10–18 Uhr, Sa, So und feiertags 10–18 Uhr, Eintritt: 4,50 €, Familien 9 €. Wissenschaft und

019lu Abb.: Jr

Naturkunde bzw. Naturgeschichte werden in historischen Mauern nahegebracht. Dazu sind jede Menge Veranstaltungen und Exkursionen im Angebot, so z. B. Genusswochenenden zum Thema Slow Food und Geschmack oder ein naturwissenschaftlicher Stadtrundgang für junge Wissenschaftler.

106 [A7] **Straßenbahn- und Busmuseum,** Rue de Bouillon 63, Do, Sa, So 13.30–17.30 Uhr, Eintritt frei. Zu den Highlights dieser imposanten Ausstellung in der Halle in Hollerich zählt sicherlich die historische Pferdestraßenbahn.

30 [C3] **Villa Vauban.** Das ehemalige bürgerliche Wohnhaus wurde von 1871 bis 1873 nach der Schleifung der Festung erbaut. Seit 1970 dient die Villa Vauban als Ausstellungsort für die Sammlungen alter Kunst der Stadt Luxemburg. Die Sammlung umfasst heute rund 300 Gemälde flämischer, holländischer, französischer und italienischer Meister des 17. bis 19. Jahrhunderts.

KUNSTGALERIEN

107 [E3] **Galerie beim Engel,** Rue de la Loge 1, Tel. 222840, Di–So 10–12 u. 13–19 Uhr. Die Galerie zeigt neben Bildern auch Designarbeiten und Keramiken.

108 [C7] **kjub,** Bd. Charles Marx 49, Tel. 27489988. Di–Fr 12–14, 19–22 Uhr, Fr, Sa 19–23 Uhr. Die Kunstgalerie kjub ist eine sehr interessante Kombination aus Galerie und Restaurant. Bewusst hat man dabei das Restaurant in die Galerie integriert, die Malerei, Fotografien und Plastiken. Im kjub gelangt man beim Essen schnell in Kontakt mit anderen Kunstinteressierten.

◄ *Wo darf man schon einen Safe von innen besichtigen? Das Musée de la Banque machts möglich.*

024lu Abb.: jr

LUXEMBURG ZUM TRÄUMEN UND ENTSPANNEN

Ein Viertel des Luxemburger Stadtgebiets besteht aus Grünanlagen. Insgesamt sind in der Stadt 15 unterschiedliche Parks und Gärten zu entdecken. Wer also die richtigen Wege kennt, hat keinerlei Probleme, dem quirligen Gewusel am Place d'Armes und Place Guillaume II. zu enfliehen und beschauliche Stunden im Grünen, an idyllischen Flussläufen oder in ruhigen Klostergärten zu verbringen.

▲ *Sommerliches Idyll im zentral gelegenen Stadtpark*

Besonders entspannt und ruhig geht es in Luxemburg am Wochenende zu, denn dann entflieht ein Großteil der Bevölkerung der Großstadt aufs Land oder ins nahe Ausland. Das Luxemburger City Tourist Office (s. S. 115) bietet für Interessierte eigene Touren durch die schönsten Parks und Gärten an. Hier folgt eine Auswahl der schönsten Luxemburger Entspannungsflecken.

KLOSTERGARTEN

Gleich hinter der alten Steinbrücke unten an der Alzette, die man „Stierchen" nennt, fanden einst die Mönche der **Abtei Neumünster** ㉟ einen idealen Platz für ihren Klostergarten. Gleich **zu Füßen des Bockfelsens**, der die Wärme der Sonne speichert und die kalten Nordwinde abhält, legten sie ihren *Klouschtergaart* an. Die alten Terrassen entlang der Alzette sind in jüngster Zeit wiederhergestellt worden und laden den Besucher auf zahlreichen Bänken zum Verweilen und Betrachten ein. Hier gedeihen heute Heilkräuter und Wein. Aufgrund des milden Mikroklimas im Tal wachsen dort auch Artischocken, Zucchini, Oliven und Feigen.

Wandelt man weiter flussaufwärts, kommt man in der Rue Plaetis [E4] zu einem Steilhang, den die Luxemburger „Op der Bleech" nennen („Auf der Bleiche"). Hier bleichten die Wäscherinnen früher die Laken und die Gerber des Tals trockneten ihre Häute. In den 80er-Jahren des letzten Jahrhunderts wurde am Hang eine Streuobstwiese angelegt, auf der heute über 120 Apfelbäume stehen – ebenfalls gut zur Rast geeignet.

021lu Abb.: jr

STADTPARK [C2–4]

Dort, wo sich vor 140 Jahren der breite und tiefe Stadtgraben um die Festungsmauern entlangschlängelte, zieht sich heute eine **Sichel aus Grünanlagen** um die Altstadt. Der französische **Landschaftsarchitekt Édouard François André**, der auch schon die Terrassengärten auf Funchal (Madeira) und die Gärten am Eiffelturm realisiert hatte, legte hier um 1880 mitten in der Stadt einen Park mit vielen malerischen Elementen an. Nach 2000 wurde der Park dann noch einmal neu gestaltet.

Heute rahmen in dem mit einem Springbrunnen verzierten Park Amélie zwei Mammutbäume das **Denkmal der Prinzessin Amalia der Niederlande** ein. Und im Süden des Stadtparks verleiht Bambus dem dortigen Weiher asiatisches Flair. Das Parkdenkmal für Prinzessin Amalia war übrigens das erste Monument, das im unabhängigen Luxemburg errichtet wurde, und stolz verweisen Stadtführer darauf, dass das erste Denkmal der Stadt einer Frau gewidmet wurde. Die meisten Besucher des Parks starten ihren Rundgang an der Avenue Monterey [C3/4], wo ein riesiges Piratenschiff den Kindern als **Abenteuerspielplatz** dient.

TAL DER PÉTRUSSE

„Ein Bach, Petrus genannt, erst allein, dann verbunden mit dem entgegenkommenden Fluss, die Elze, schlingt sich mäanderartig zwischen Felsen durch und um sie herum, bald im natürlichen Lauf, bald durch Kunst genötigt...", schrieb Goethe im Jahr 1792 bei seinem Besuch im Tal des Flüsschens Pétrusse. Erstaunlicherweise hat sich seit damals, zumindest unten im Flusstal, nicht allzu viel geändert. Man gelangt u. a. von der Avenue Marie-Thérèse [C4] über Wege und Treppen hinunter in die grüne Welt des Flussufers und der kleinen Auenwälder. Auch hier hat der Landschaftsarchitekt Édouard François André weitblickend grüne Zeichen gesetzt. So ließ er entlang des tief eingeschnittenen Tals **Promenaden** anlegen, auf denen man noch heute in aller Ruhe über zwei Kilometer bis zur Rue de la Semois [C4/5] wandern kann.

◄ *Betreten erlaubt! – Der Stadtpark von Luxemburg lädt in der warmen Jahreszeit zum Entspannen ein.*

023lu Abb.: Jr

Mit dem Pétrusse Express in die Vergangenheit

Seit 1987 bimmelt eine kleine Bahn am Place de la Constitution, sammelt dann die Besucher ein und bringt sie hinunter ins Tal der Pétrusse. Die Besichtigung mit diesem Sightseeing-Zug dauert etwa eine Stunde und führt in versteckte historische Winkel der Unterstadt. Über Kopfhörer erhält man einen Einblick in die Geschichte der Stadt (s. S. 124).

▲ *Für Bequeme: Pétrusse Express*

DIE ROSEN VON LIMPERTSBERG

Im nördlichen Luxemburg gibt es einen sechs Kilometer langen **Rundweg** mit dem Namen „Die Rosen von Limpertsberg". Benannt ist er nach dem gleichnamigen Stadtteil, in dem früher in großem Stil **Rosenzucht** betrieben wurde. Vor den Toren der Festungsmauern legten hier 1855 die zwei Gärtner Jean Soupert und Pierre Notting großflächige Rosenplantagen an. Die damals gezüchteten Luxemburger Remontant-Rosen wurden in alle Welt verkauft und gewannen viele Auszeichnungen. Ab 1880 überzogen riesige Rosenfelder das Plateau des heutigen Wohn- und Studentenviertels Limpertsberg.

Der Rundweg „Die Rosen von Limpertsberg" beginnt am 1691 angelegten **Friedhof Notre-Dame** [B2]. Bereits hier lässt es sich ruhig promenieren und in rosigen Errinnerungen schwelgen. Auf so manchem Grab kann man auch im deutschsprachigen Raum bekannte Namen entdecken, z. B. das von Wilhelm Voigt, der vielen wohl besser als „Hauptmann von Köpenick" ein Begriff ist. Am Nordausgang des Friedhofs gelangt man über die Rue Nicolas Ries zum **Park Tony Neumann**. Auf dem abschüssigen Parkgelände Richtung

DER HAUPTMANN VON KÖPENICK

Wer sich ein wenig im altmodischen Luxemburg verlieren möchte, der sollte sich zum **Notre-Dame-Friedhof** *(dt. Liebfrauenfriedhof) im Stadtteil Limpertsberg aufmachen. Von Limpertsberg aus wurden einst Rosen nach Brasilien und an den russischen Zarenhof exportiert. Dem Ruf dieses Stadtteils ist auch* **Wilhelm Voigt** *gefolgt, der Mann, den die Welt besser als „Hauptmann von Köpenick" kennt. Voigt hat seine letzten Jahre als einfacher Mann und als lebende Legende in Luxemburg verbracht. Weit weg von Berlin hat er sich zwar keine Köpenickiade mehr, aber noch so manchen guten Wein gegönnt.*

Ein Kuriosum weist seine Grabplatte auf, denn Voigt wurde nicht, wie dort zu lesen steht, 1850, sondern 1849 im ehemaligen Ostpreußen geboren. Die Pflege seines Grabes wird seit einer Anfrage von Abgeordneten des Europäischen Parlamentes vom Großherzogtum Luxembourg übernommen. Woher jedoch die frischen Blumen stammen, die regelmäßig auf dem Grab niedergelegt werden, vermag in der Stadtverwaltung niemand zu sagen.

Rollingergrund findet sich das letzte Stück Wald des Viertels Limpertsberg und moderne Skulpturen des Luxemburger Künstlers Lucien Wercollier sowie einige Rosenbögen.

Der Rundgang „Die Rosen von Limpertsberg" endet auf dem Glacis-Platz [C1/2]. Broschüren zum Rundweg erhält man beim City Tourist Office am Knuedler (s. S. 115).

BAMBËSCH [bi]

Neben dem Gréngewald im Nordosten ist der Bambësch im Norden der Stadt das zweite große zusammenhängende Waldgebiet, das nicht nur zum Wandern oder Joggen, sondern auch zu einer wunderbaren kulinarischen Exkursion ins Jagdschloss einlädt. *Bësch* ist übrigens das luxemburgische Wort für Wald und mit *Bam* bezeichnet man einen Baum. Der „Baumwald" ist also eigentlich ein Pleonasmus wie der „weiße Schimmel", aber das stört die Luxemburger nicht, solange man sich hier in Ruhe

EXTRATIPP

Theaterstuff – eine urige, typisch luxemburgische Kneipe
Kneipen im Luxemburger Zentrum sterben aus. Man findet die typische, meist mit Gästen gut gefüllte Kneipe nur noch in den Außenbezirken, in der Innenstadt treten meist Bodegas, Chill-out-Klubs oder Lounge-Bars an ihre Stelle. Im Stadtteil Limpertsberg findet sich noch eine der typischen Luxemburger Kneipen. Zwar nennt sich die Theaterstuff heute auch Brasserie und Restaurant, doch davon sollte man sich nicht irritieren lassen. Die Theaterstuff ist eine traditionsreiche Kneipe, in der früher die Künstler und Musiker des nahen Nationaltheaters trafen. Heute trifft man hier vor allem Einheimische, wobei explizit auch luxemburgische Portugiesen gemeint sind.

⏱ **109** [C1] **Theaterstuff**, Allée Scheffer 49, Tel. 26203556, tgl. 10 Uhr bis ultimo client

O22Iu Abb.: jr

in stadteigener Natur entspannen kann. Der 680 Hektar große Wald ist vor allem am Sonntag beliebtes Ausflugsziel der Städter.

KULINARISCHE EXKURSION INS JAGDSCHLOSS

Zugegebenermaßen kennt unter dem Namen „Jagdschloss" kein Luxemburger dieses feine Waldrestaurant im Norden der Stadt. Der Luxemburger nennt es eigentlich *Juegdschlass*. Leider jedoch geht dieses Wort nur zungenakrobatisch veranlagten Ausländern leicht von den Lippen.

Das *Juegdschlass* liegt im Waldgebiet des Bambësch im Norden der Stadt Luxemburg. Das Waldschlösschen wurde 1873 von den Besitzern der ARBED-Stahlhütten einst als Jagdpavillon errichtet und ist seit 1986 ein Café-Restaurant mit hervorragender Küche. Wie es sich für ein echtes Waldrestaurant gehört, serviert man im *Juegdschlass* gerne Wildspezialitäten. Die delikaten, aromatisch gewürzten Gerichte sind auf die Jahreszeiten abgestimmt.

🚉110 [di] **Juegdschlass,**
Rue des Sept Arpents, Tel. 337137, www.juegdschlass.lu, tgl. 11–23 Uhr

▲ *Im weitläufigen Stadtpark kann man mitunter vergessen, dass man sich in einem urbanen Raum befindet*

AM PULS
DER STADT

003lu Abb.: jr

DAS ANTLITZ LUXEMBURGS

„Luxemburg ist der Nabel der Welt, zumindest rein flächenmäßig." Dieser Ausspruch des Kabarettisten Mars Klein verweist darauf, wie klein die Fläche des Landes im Verhältnis zum Rest des Planeten ist. Wer jedoch die Stadt Luxemburg betritt, gewinnt ein ganz anderes Gefühl. Von Kleinheit zuerst einmal keine Spur, im Gegenteil: Die großen, kilometerlangen Boulevards, die gewaltigen Brücken und eine gigantische, tief eingeschnittene Stadtschlucht vermitteln dem flüchtigen Betrachter den Eindruck einer großen europäischen Metropole.

◀ *Vorseite: Adolphe-Brücke mit der burgähnlichen Staatssparkasse* **23**

Wer Luxemburg mit einigem Abstand betrachtet, wird vielleicht an die hübsch bepflanzte Stadtlandschaft einer Miniatureisenbahn denken. Hier stimmt alles: Eine schön geschwungene Viaduktbrücke, eine Sparkasse am Rande der Schlucht, die aussieht wie eine Märchenburg, mäandernde Flüsschen im tief eingeschnittenen Tal der beiden **Flüsse Alzette und Pétrusse,** die Überreste einer mächtigen Festung, durchlöcherte Felsen und in der schwindelerregenden Tiefe der Unterstadt, ganz in der Ferne, kleine Fachwerkhäuschen, aus deren Schornsteinen Rauch aufsteigt. Und wenn dann über der ganzen Schluchtszenerie eine Eisenbahn langsam über die Viaduktbrücke schleicht, ist die Bilderbuchkulisse perfekt.

Doch das Stadtbild besteht, glücklicherweise, nicht nur aus diesen pittoresken Impressionen. Luxemburg ist überaus vielseitig, Großes und Kleines wechseln sich hier in dichter Folge ab. In der **Unterstadt** wirkt Luxemburg wie ein kleines Dorf, das sich eine europäische Metropole als Mantel übergestülpt hat. In der **Oberstadt** gibt es zwei Welten: die der großen Boulevards, Banken, Hotels und repräsentativen Prachtbauten und die der Altstadt mit ihren zahlreichen verwinkelten, kleinen Gässchen, den holprigen Pflastersteinwegen, engen Treppen und wilden Wegen, die hinunter in die stadteigene Schlucht führen.

Rein geografisch kann man sich Luxemburg als schälbare Zwiebel mit einem tiefen Riss in der Mitte vorstellen. Luxemburg wuchs von innen nach außen. Der Beginn der Stadt liegt am zentral gelegenen **Bockfelsen ❶** und in den **Unterstädten Clausen, Grund und Pfaffenthal,** die um das Jahr 1000 die **Keimzelle der späteren Festungsstadt** bildeten. Der Anfang der Stadt wird also durch diesen tiefen grünen Einschnitt markiert, die vegetationsreiche Schlucht, die zwei bildhauernde Flüsse in jahrtausendelanger Arbeit hier gegraben haben. Alles Weitere ist konzentrisches Wachstum nach außen.

Es folgen die Festungsreste und die Kasematten, die wieder von der **Oberstadt** und ihren beiden zentralen Plätzen, dem Place Guillaume II. und dem Place d'Armes, umgeben ist. Im Norden und im Westen wird die Altstadt vom abknickenden Boulevard Royal begrenzt. Im Osten begrenzt besagte Schlucht die Altstadt, die sich an der Corniche ❸ hemmungslos in die Tiefe stürzt.

Die Stadt hat sich historisch sehr gleichmäßig erweitert. Auf die Altstadt folgt weiter draußen ein breiter **sichelförmiger Parkgürtel,** der an die Stelle der alten Festungsgräben getreten ist, die die Festungsmauern hier einst umgaben. Denkt man weiter in Jahresringen, folgt auf die riesige Parkrunde im Westen ein Gürtel von parknahen Gründerzeitvillen und daran anschließend schöne Einfamilienhäuschen mit Vorgärten aus den 1930er-Jahren. Noch weiter an der Peripherie sieht man als weiteren Jahresring die Bauten aus den 1950er-Jahren, schöne Prachtvillen, die der Luxemburger „Residencen" nennt, sowie die meist viergeschossigen Apartmenthäuser.

◀ *Dörfliches Flair entlang den Ufern der Alzette in der Unterstadt*

Aufgerissen und völlig zersiedelt wird das konzentrische Wachstum der Stadt durch die Viertel **Hollerich** und **Gare** im Süden. Schuld daran sind die dortigen Hauptausfallstraßen und die Zuganbindung. Während sich Luxemburg innerhalb der Festungsmauern bis zu deren Schleifung im Jahr 1867 nicht mehr ausbreiten konnte, begann die Stadt mit Beginn der Industrialisierung erstmals außerhalb der Festung zu wachsen. Insbesondere die industrialisierten Stadtteile Hollerich und Gare wuchsen durch die dort mündenden Verkehrsachsen rasant an. Als Erstes siedelte sich die **Tabak- und Eisenindustrie** hier an. Eine Reminiszenz an diese Epoche ist die heutige Heintz-van-Landewyck-Tabakfabrik in Hollerich.

Als erste Wohnlage der Stadt gilt der Ortsteil **Limpertsberg**. Doch wer ihn kennt und dort wohnt, weiß, dass es dort Pkw-Schleichwege den Verkehr aus dem Nordwesten gibt, die gerne benutzt werden. Limpertsberg verliert durch diesen Durchgangsverkehr nach und nach an Wohnqualität. Wunderschön sind allerdings die dortigen kleinen Quersträßchen mit ihren hundertjährigen Häusern.

Weitere Edelwohnbezirke sind **Belair** und **Merl**, eine Stadterweiterung, die in den 1930er-Jahren begann und dann in den folgenden beiden Jahrzehnten fortgesetzt wurde. Die Bezirke ähneln sich, auch wenn Merl vielleicht baulich ein wenig ärmlicher daherkommt als Belair. In diesen Stadtteilen begann einst der Wohlstand. Hier gab es die ersten großräumigen Wohnungen, praktisch, quadratisch und gut geschnitten. Die Aufwertung von Belair und Merl erfolgt hier allerdings nicht allein durch die Bebauung, sondern vielmehr durch die Anbindung an den grünen Ring des **Stadtparks (Parc municipal)**. Erstaunlicherweise findet man in den ruhigen Straßen von Belair und Merl noch einige originelle Kneipen, in denen man immer noch raucht und Luxemburger Originalen begegnet.

Die Luxemburger behaupten gerne, sie seien die Iren des Festlands. Den Nachweis erbringen sie, gemessen an ihrer **Neigung zum Feiern und Genießen,** in der ganzen Stadt. Besonders ausgiebig aber gilt dies für die städtischen Stadtteile Grund, Pfaffenthal, Clausen und Gare. Sich amüsieren und feiern kann man auch gut in **Bonneweg**. Bonneweg (frz. Bonnevoire) im Südosten ist ein sehr junges Viertel mit einer schönen Durchmischung von Einwanderern und Einheimischen. Die portugiesischen Restaurants, Lebensmittelhändler, Buchhandlungen und Bars zeigen, wer sich hier hauptsächlich zu Hause fühlt. **Portugiesen und Kapverdianer** kamen bereits 1964 ins Land, nachdem die luxemburgische Regierung ein Gesetz zur Familienzusammenführung verabschiedet hatte. Bonneweg ist heute das **dynamischste Viertel Luxemburgs** mit kleinen, belebten Einkaufsstraßen und einer interessanten Kultur- und Gastronomieszene. Ein schönes Beispiel dafür ist die Rue de Bonnevoie [F6] mit ihren kleinen Läden und Restaurants. Hier im Südosten der Stadt hat ein Generationswechsel stattgefunden und wer keine superschicken Villen sucht, lebt in Luxemburg in Bonneweg wahrscheinlich mit am besten.

Sehr dynamisch entwickelt hat sich in den letzten Jahren auch die **Altstadt rund um den Fischmarkt ❻**. Luxemburg hat zwar kein eigenes Studentenviertel, doch um den Fisch- und Gewürzmarkt herum könnte man sich das gut vorstellen. Hier tummelt sich Kneipengastronomie neben Edelitalienern und Kultur neben Subkultur. Abends, wenn die Touristenströme versiegt sind, kehrt hier, in unmittelbarer Nähe des Großherzoglichen Palais, die pure Lebenslust ein. Ganz so, als wollte man der Großherzoglichen Familie zeigen, wo Bartels den Most holt, beziehungsweise *d'Jhemp seine Flûte,* wie der Luxemburger zu sagen pflegt (dt. „wo der Johann sein Baguettes holt").

Ebenfalls sehr rasant entwickelt haben sich die **Unterstädte.** Insbesondere in **Clausen** und im **Grund** steppt abends der Bär. Über Jahrzehnte galt die Hollericher Straße als der Inbegriff des Luxemburger Nachtlebens. Doch

mittlerweile hat die **Rives de Clausen** dem Hollericher Viertel den Rang als Amüsiermeile abgelaufen. Alles hat seine Zeit. Die Hollericher Straße hatte lange Zeit abends Probleme, den Party-, Disco- und Kneipengängern genügend Parkplätze anzubieten. Doch Parkplatzprobleme kennt, trotz neuem unterirdischem Parkhaus, auch das neue Amüsier- und Gastronomiegewerbe in der engen Schlucht. Dennoch: Hollerich wirkt etwas abgelebt. Die ganz Jungen und die Schickeria zieht es nach ganz unten, nach Clausen und in den Grund. Wie sagt man im Grund: „Luxemburg mag der Nabel der Welt sein, doch wir sind der Nabel von Luxemburg."

VON DEN ANFÄNGEN BIS ZUR GEGENWART

1. und 2. Jahrhundert v. Chr. Die Kelten siedeln auf dem heutigen Gebiet Luxemburgs, gefolgt von Römern und Franken. Zur Römerzeit wird das Gebiet der Stadt Luxemburg von zwei Handels- und Konsularstraßen durchquert.

963 Der Name „Lucilinburhuc" taucht zum ersten Mal in einer Tauschurkunde auf. Er bedeutet so viel wie „kleine Burg". Aufgrund dieser Urkunde erwirbt Graf Siegfried aus Trier ein kleines Fort auf dem Bockfelsen – der Wiege Luxemburgs. Aus diesem Namen entwickelte sich später über „Lützelburg" der heutige Name „Luxemburg".

1060 Die Grafschaft Luxemburg ensteht als Territorialstaat erst unter den Nachkommen Siegfrieds. Sie bezeichnen sich ab 1060 als Grafen von Luxemburg. Als Erster trägt Konrad I. († 1086) diesen Titel.

11.–13. Jahrhundert Vergrößerung des Territoriums durch Heirat, Kauf von Ländereien und durch Krieg. Die Stadt ist noch winzig klein und nur als Keimzelle um den Bockfelsen und im Grund existent.

Unterhalb der Burg am Flüsschen Alzette entsteht ein Handwerkerviertel.

1308 Der luxemburgische Graf Heinrich VII. wird zum deutschen König gewählt. Damit gelangt das Haus Luxemburg erstmals auf den deutschen Thron. 1312 wird Heinrich sogar zum römisch-deutschen Kaiser gekrönt.

Ab 1340 Johann der Blinde beginnt mit dem Bau der großen mittelalterlichen Ringmauer, die die Oberstadt bis ins 19. Jahrhundert vom Umland isoliert und deren Wachstum behindert.

Ab 1347 Nach Heinrich tragen noch drei andere Mitglieder der Luxemburger Dynastie die Kaiserkrone des Heiligen Römischen Reiches Deutscher Nation: Karl IV. (1346–1378), Wenzel (1376–1400) und Sigismund (1410–1437).

1364 Luxemburg wird Herzogtum und Luxemburg-Stadt Hauptsitz des Herzogs.

1443 Luxemburg wird Teil der burgundischen Niederlande.

1506 Mit Karl V. wird Luxemburg-Stadt eine spanische Festungsstadt.

O276iu Abb.: jr

1684 Die Truppen des Sonnenkönigs Ludwig XIV. erobern Luxemburg und zerstören fast sämtliche Häuser der Stadt sowie das Schloss. Der Marquis von Vauban baut die Festung in der Folge aus. Sie wird eine der stärksten Festungen Europas und erhält den Beinamen „Gibraltar des Nordens".

17. Jhd. Es entstehen die Kasematten und Minengänge in den Felsen der Festung.

1697 Luxemburg geht zurück an Spanien.

1714 Luxemburg fällt an Österreich und die Habsburger. Das sogenannte „Goldene Zeitalter" beginnt und das Land existiert als Österreichische Niederlande.

1795 Die Französische Revolution frisst nicht nur ihre Kinder, sondern auch die Stadt und das Land Luxemburg. Beides wird annektiert und damit französisch.

1815 Nach der Niederlage Napoleon Bonapartes erhebt der Wiener Kongress Luxemburg zum Großherzogtum und verleiht ihm den Status eines eigenen Staates unter der Herrschaft des Großherzogs der Niederlande, Wilhelm I. von Oranien-Nassau.

Ab 1815 Luxemburg-Stadt erhält als Bundesfestung eine preußische Garnison.

1841 Luxemburg gibt sich eine eigene Verfassung, tritt 1842 dem deutschen Zollverein bei und wird Teil des Deutschen Bundes.

1843 Luxemburg hält an seiner seit dem Mittelalter bestehenden Zweisprachigkeit fest.

1867 Als Ergebnis der Londoner Konferenz über den Status Luxemburgs wird das Großherzogtum als neutral und unabhängig erklärt.

1890 Mit Großherzog Adolph von Nassau-Weilburg erhält Luxemburg seine eigene Dynastie.

1918/19 Luxemburg tritt aus dem Deutschen Zollverein aus. Das allgemeine Wahlrecht für Männer und Frauen wird eingeführt.

▲ *Vor Jahrhunderten flogen aus den Löchern der Kasematten Kanonenkugeln auf die Angreifer der Stadt*

1940 Am 10. Mai überfällt das Deutsche Reich Luxemburg. Generalstreik gegen die Besatzer. Die Bevölkerung bekundet bei der „Personenstandsaufnahme" ihre Identität als Luxemburger. 2 % der luxemburgischen Bevölkerung kommen ums Leben.

1945 Nach der Ardennenschlacht ist Luxemburg wieder ein freies Land.

1945–48 Aufgabe der Neutralität, Luxemburg wird Teil der Beneluxstaaten, der UNO und der NATO.

1952 Luxemburg-Stadt wird einer der drei Regierungssitze der Montanunion, dem Vorläufer der späteren EU.

Ab 1960 Luxemburg-Stadt entwickelt sich zu einem der größten internationalen Finanzplätze.

1984 Luxemburgisch wird Nationalsprache. Seither gelten Deutsch, Französisch und Luxemburgisch als offiziell gleichberechtigte Sprachen.

2000 Großherzog Henri übernimmt das Amt seines Vaters Jean.

2002 Luxemburg führt den Euro ein.

Ab 2002 Luxemburg-Stadt wird Sitz des EU-Ministerrats.

2007 Nach 1995 ist Luxemburg zum zweiten Mal Kulturhauptstadt Europas.

2009 Großherzog Henri weigert sich, das vom Parlament beschlossene Gesetz zur Sterbehilfe (Euthanasiegesetz) zu unterschreiben. Dies führt zu einer Verfassungskrise und zur Änderung der Verfassung. Ein Veto des Großherzogs bleibt seit 2009 ohne Wirkung, falls ein Gesetz von mehr als zwei Dritteln des Parlaments verabschiedet wurde.

2010 Die luxemburgische Fußballnationalmannschaft siegt in der WM-Qualifikation gegen die Schweiz, und zwar in der Schweiz! Pikant dabei: Die Schweiz ist während der Weltmeisterschaft in Südafrika das einzige Team, das den späteren Weltmeister Spanien besiegen kann. Luxemburg ist somit also Weltmeisterbesiegerbesieger.

LEBEN IN DER STADT

Mir wölle bleiwe wat mir sin – dieser Wahlspruch der Luxemburger, der am Erker eines alten Hauses am Fischmarkt ❻ in der Altstadt zu finden ist, drückt Beständigkeit aus. Klar ist dabei vor allem, was der Luxemburger auf gar keinen Fall sein will, nämlich weder Franzose noch Belgier – und Deutscher schon gar nicht. Schließlich haben die Deutschen das Land 1940 besetzt und den Gebrauch der französischen Sprache verboten. Aus dem typisch Luxemburger Namen Henri wurde Heinrich, aus Dupont machte man Brückner. Viele Luxemburger haben sich damals standhaft geweigert, ihre Namen zu ändern. Und das *merci* und *bonjour* ließ man sich auch nicht verbieten. Wer in Luxemburg lebt, kann diese charmante Sturheit der Luxemburger tagtäglich erleben.

Also was möchte der Luxemburger gerne sein? Na was schon – Luxemburger natürlich. Wir wollen bleiben, was wir sind – die Inschrift am Fischmarkt gibt sich standhaft und krisenresistent und tatsächlich nimmt die **Lebensqualität** in Luxemburg in Bezug auf Wohnen, Einkommen und die Gesundheit seiner Bürger seit Jahren einen Spitzenplatz in den internationalen Rankings ein. In der neuesten Mercer-Studie zur Lebensqualität liegt die Stadt Luxemburg an siebter Stelle, weit vor Paris, London und New York.

Luxemburg ist **wohlhabend**, das **Pro-Kopf-Einkommen** liegt weltweit mit an der Spitze und das der Stadtbewohner dürfte noch um einiges höher liegen als der Landesdurchschnitt. Luxemburg gilt als das zentrale **Machtzentrum der Europäischen Union**. Die Stadt rangiert noch vor

Brüssel und Straßburg. In der Hauptstadt werden, Europa betreffend, weitreichende Entscheidungen gefällt. Hier hatte bereits 1952 die erste europäische Institution ihren Sitz. Heute findet man in Luxemburg den Europäischen Gerichtshof, die Europäische Investitionsbank, das Sekretariat des Europaparlaments, den EU-Rechnungshof, das EU-Statistikamt Eurostat und viele weitere Einrichtungen der Europäischen Gemeinschaft.

Und Luxemburg ist die **Stadt der Banken.** Die Vielzahl der Geldinstitute und der europäischen Institutionen wirkt sich natürlich auf das Leben der Stadt aus. Alleine 11 Prozent der Stadtbevölkerung arbeiten im Finanzwesen. 60 Prozent der Beschäftigten der Stadt arbeiten im Staatsdienst und 44 Prozent der Menschen, die hier leben, kommen aus dem Ausland.

Besonders erwähnenswert sind die **portugiesischen und kapverdischen Einwanderer,** die neben ihrer Muttersprache meist ein hervorragendes Luxemburgisch sprechen und mit 73.700 Staatsbürgern und damit 15,5 % der Gesamtbevölkerung die größte Ausländergruppe Luxemburgs bilden. Portugiesische Läden, Kneipen, Restaurants und Buchhandlungen befinden sich vor allem in den Stadtteilen Gare und Bonnevoire.

Luxemburg ist **international.** Menschen aus mehr als 100 Ländern leben in der Stadt und verbreiten in der kleinen Metropole ein wenig das Flair der großen weiten Welt.

Die Stadt Luxemburg ist mehrfache Europameisterin. Unter anderem hat sie, gemessen an ihrer Einwohnerzahl, die **meisten Pendler des Kontinents.** Täglich strömen 120.000 Menschen zusätzlich in die Stadt und abends wieder heraus. Diese hohe Fluktuation hinterlässt ihre Spuren. Während der Mittagspause tummeln sich über 200.000 Menschen in der Stadt, während die tatsächliche Einwohnerzahl nur bei 80.000 liegt.

Mit dem Großherzog am Mittagstisch

Der luxemburgische Schriftsteller Georges Hausemer hat in seinem Land den Nimbus eines Weltenbummlers: ständig im Ausland unterwegs, ständig auf der Suche nach guten Geschichten. Nun hat Hausemer ein Buch über Luxemburg geschrieben und herausgekommen ist ein Werk, das einen **liebevoll-kritischen Blick auf seine Heimat** wirft. Hausemer beleuchtet darin, wie die portugiesischen Nachbarn sich in Luxemburg ein zweites Zuhause geschaffen haben, er schaut einheimischen Starköchen in ihre Töpfe und schildert, wie es sich anfühlt, zum Publikum einer der schwächsten Fußballligen der Welt zu gehören. Außerdem räumt er mit so manchem Vorurteil auf. Nein, stellt Hausemer klar, nicht jeder Luxemburger sei Besitzer oder zumindest Teilhaber einer Bank, und ja, auch in Luxemburg zahle man Steuern. Ein sehr unterhaltsames, informatives und lesenswertes Buch.

❭ Georges Hausemer: „Mit dem Großherzog am Mittagstisch – Luxemburger Grenzgänge", Picus Verlag, Wien

▶ *Fahnenbekenntnis: Kaum ein Land steht so sehr für die europäische Idee wie Luxemburg*

Tatsächlich wohnen jedoch noch weit weniger wirklich in der Innenstadt. In der Oberstadt, also im Viertel Gare und in der Altstadt, sind offiziell sogar nur 8000 Menschen angemeldet. Wobei zu vermuten ist, dass einige dieser „echten Luxemburger" nur ein *pied-à-terre* haben, wie man in Luxemburg sagt – also ein möbliertes Zimmer oder ein Apartment. Man hat einen Fuß in der luxemburgischen Tür, wohnt und lebt aber nicht wirklich in Luxemburg, sondern vielleicht in Paris oder Brüssel.

Im Herbst und Winter wirkt Luxemburg abends und nachts, bis auf wenige gastronomische Brennpunkte, völlig **verwaist und leer.** Vor allem entlang den Prachtboulevards wie der Avenue de la Liberté oder dem Boulevard Royal sieht man nach Sonnenuntergang nur vereinzelt ein paar Passanten.

Längst ist es auch im Parlament zur Diskussion um die **Pflichtbewohnung** der oberen Etagen der Innenstadt gekommen. Tatsächlich stehen viele Wohnungen über den Geschäftshäusern leer. Die Mehrzahl der alten Häuser, die man in der Altstadt in Geschäfte umgewandelt hat, haben aufgrund zu schmaler Fassaden keinen separaten Eingang. Die Grand-Rue ist ein gutes Beispiel für diesen etwas eigenartigen Zustand.

Und **Luxemburg ist teuer.** Spötter sprechen von der „**Luxusvitrine Europas".** Ein kleiner Schmuck- oder Modeladen in der Grand-Rue kostet ab 40.000 € Miete – monatlich! Luxemburg hält somit einen erneuten Rekord, denn es ist die Stadt mit den höchsten Mieten in ganz Europa und der weltweit schlechtesten Rendite zwischen Ladenmiete und Umsatz. Den Ketten mit Toplabels und Häusern mit Edelmarken macht

dies kaum etwas aus, denn für Cartier oder Chanel es ist allemal günstiger, 40.000 € monatliche Ladenmiete zu zahlen, als eine Anzeige auf der letzten Seite der Vogue zu schalten. In Luxemburg zeigt man Präsenz, die Umsätze werden in den Mutterhäusern in Mailand, Paris, Tokio oder New York gemacht.

Luxemburg ist eine in jeder Hinsicht **junge und multikulturelle Stadt.** Dafür sorgt, neben dem starken Zustrom von hochqualifizierten Immigranten vor allem die 2003 gegründete **Universität.** Natürlich stellt sich angesichts hoher Mieten und Lebenshaltungskosten die Frage, wie es sich als Student in Luxemburg so lebt. Ganz einfach, die Studenten pendeln ebenfalls, denn das Land ist klein: Bis ins billigere Deutschland oder Frankreich sind es nur je 30 Kilometer. Täglich kommen Tausende von Deutschen zum Tanken nach Luxemburg und täglich fahren Tausende von Luxemburgern zum Einkauf ins grenznahe deutsche Umland oder, wie die Studenten, zum Wohnen nach Trier. Vereinzelt gibt es auch Pendler zwischen Luxemburg und Paris, da die Fahrt mit dem TGV seit 2009 nur noch 2 Stunden und 15 Minuten dauert.

Und abends, wenn die Innenstadt dann verwaist ist, erobern sich die wenigen „richtigen Luxemburger" ihre Stadt wieder zurück. Und in der Altstadt und im Grund überwiegt wieder jenes exotische Idiom, das man **Lëtzebuergesch** nennt.

WILLKOMMEN IN BABYLON – LUXEMBURG UND DIE FREUDEN DER MEHRSPRACHIGKEIT

Man stelle sich einen typischen Tag in Luxemburg vor. Er beginnt mit der Radioansage: „Gudde moien, hei as RTL". Was danach kommt, sind Nachrichten in der **Landessprache Lëtzebuergesch/Luxemburgisch,** durchmischt mit französischsprachigen Meldungen, deutschen oder englischen Interviews und erneuten Stellungnahmen auf Lëtzebuergesch. Im Café und in der Bäckerei an der Ecke arbeiten Kapverdianer, die sich bereits am frühen Morgen lauthals auf **Portugiesisch** begrüßen.

Zum obligatorischen *Kaffi* liest man die Zeitungen der Hauptstadt. Das *Luxemburger Wort* zum Beispiel, eine deutschsprachige Gazette mit vielen französischsprachigen Artikeln (ca. 20 Prozent) und vereinzelten Beiträgen auf Luxemburgisch. Am Arbeitsplatz ist man sowieso mehrsprachig, denn die Klientel kommt aus aller Herren Länder. Zur Mittagspause kommt man im Restaurant an **Französisch** nicht vorbei. Die meisten Bediensteten der Gastronomie können kein Luxemburgisch oder **Deutsch.** Abends, nach Dienstschluss, wenn beim Wein die Zunge bereits auf Stelzen geht, wie der Luxemburger sagt *(beim Wäin gitt de Zong op Stelzen),* rückt meist wieder das integrierende Lëtzebuergesch in den Vordergrund. Doch als Hintergrundgeräusch schwirrt in vielen Kneipen Luxemburgs stets ein babylonisches Sprachgewirr durch den Raum.

028lu Abb.: jr

◀ *Mehrsprachige Hinweise finden sich in ganz Luxemburg*

An der Mehrsprachigkeit kommt in Luxemburg keiner vorbei. Das luxemburgische Volk spricht **drei anerkannte, gleichberechtigte Sprachen.** Das tun die Schweizer auch, wird mancher hier einwerfen, und dort seien es sogar vier Sprachen. In der Tat. Allerdings spricht man die Sprachen in der Schweiz in verschiedenen Regionen: im Norden Schwiitzerdütsch, im Westen Französisch, im Süden Italienisch und in Graubünden spricht man zudem ein wenig Rätoromanisch. In Luxemburg hingegen ist die **Dreisprachigkeit ziemlich flächendeckend.** Länder, in denen die Bevölkerung im gesamten Staatsgebiet mehrere Sprachen schreibt und spricht und diese auch im privaten, beruflichen und kulturellen Leben anwendet, sind ziemlich selten.

Die **Großherzogliche Familie** geht in Luxemburg-Stadt mit gutem Beispiel voran. Großherzog Henri hält die Rede zur jährlichen Eröffnung des Parlaments natürlich auf Luxemburgisch. Im Parlament selbst wechseln übrigens manche Redner fliegend zwischen ihrer Muttersprache und den beiden Idiomen der Nachbarländer. Der älteste Sohn des Großherzogs, Prinz Guillaume, den man als Thronfolger in Luxemburg mit „Königliche Hoheit Erbgroßherzog Guillaume" anspricht, spricht neben seiner Muttersprache Luxemburgisch fließend Französisch, Deutsch, Englisch und Spanisch.

Aktuelle Studien von Sprachforschern an der stadteigenen Universität haben ergeben, dass Kinder bis zu ihrem siebten Lebensjahr mühelos vier Sprachen fehlerlos erlernen können. Der spielerische Umgang mit vielen Sprachen und Dialekten verwirrt die Kinder keinesfalls, wenn sie mit Muttersprachlern zusammen sind

und ein **pädagogisches Konzept die Mehrsprachigkeit konsequent fördert.** Angesichts der aktuellen Debatten um die Integration Europas und der Diskussionen um die richtige Bildungspolitik wäre es sicherlich auch für Deutschland eine einfache und naheliegende **Bildungschance:** der spielerische, vor allem aber frühzeitige Erwerb mehrerer Fremdsprachen.

Der langjährige Premierminister Jean-Claude Juncker spricht vom „Modell Luxemburg" und nennt den Fremdsprachenerwerb den „kürzesten Weg zu einem guten Arbeitsplatz". Juncker betont dabei, wie wichtig Fremdsprachen sind, um Vermittler zu sein – und Luxemburger vermitteln gerne, vor allem wenn man sprachlich nicht mehr weiterkommt und nur noch Bahnhof versteht.

Das **luxemburgische Schulsystem** ist so konzipiert, dass man im ersten Schuljahr gleich die erste Fremdsprache lernt, und die heißt Deutsch. Bis auf wenige Stunden Luxemburgisch wird von der Mathematik bis zum Zeichnen konsequent in Deutsch unterrichtet. Im zweiten Schuljahr kommt dann die für Luxemburger wichtigste Fremdsprache Französisch hinzu. Englisch als dritte Fremdsprache wird zwar laut Schulplan erst ab der sechsten Klasse zum Pflichtfach, die Mehrzahl der Kinder erlernt sie jedoch weitaus früher, mittels Privatunterricht. 1991 wurden in den Kommunalschulen zusätzlich Italienisch- und Portugiesischkurse eingeführt. Heute sind diese Kurse in den Unterricht der Grundschule integriert.

Das konsequent mehrsprachige Bildungssystem findet seine Fortsetzung an der **Universität von Luxemburg,** die ihre Studiengänge dreisprachig abhält. Es verwundert nicht, dass die erste Konferenz, die sich mit

ECH SCHWÄTZEN LËTZEBUERGESCH

Im Anhang dieses CityTrips (s. S. 134) finden Sie einige Worte und kurze Sätze, die sicherlich bei Ihrer Luxemburg-Reise hilfreich sind. Hier aber vorab schon einmal eine kleine Sammlung der schönsten, ureigensten luxemburgischen Begriffe:

Pimpampel	Schmetterling
Päiperleck	ebenfalls Schmetterling
bestued	verheiratet
Mulebutzen	Hibiskus
dacks	oft
lues	langsam, leise
Kéisecker	Igel
dompeg	schwül
Deppen	Topf
Nuesschnappech	Taschentuch
Koplabunz	Purzelbaum
Spackelter	Hagebutte
heiansdo	ab und zu
knaschteg	schmutzig
Gebees	Marmelade

fréckt	kaputt
Dickelchen	Küken
ellen	häßlich
Knätsch	Kaugummi
Knippercher	Pralinen
wann ech gelift	bitte

Doch auch aus dem Französischen oder Deutschen assimilierte Begriffe können wunderbar klingen:

Mookuch	Lakritze (wörtl. Magenkuchen)
Häerzbeckselchen	Büstenhalter (wörtl. Herzhöschen)
Stëppssuckeler	Staubsauger
Wo	Waage
Äerdbiersglace	Erdbeereis (dt.-frz. Mischung)
Schong	Schuhe
äddi	Tschüss (dt. „ade")
futti	kaputt (frz. „foutu")
Awar	Auf Wiedersehen (frz. „au revoir")

Fragen der Mehrsprachigkeit im Unterricht beschäftigte, bereits 1928 in Luxemburg stattfand.

An Luxemburger Schulen investiert man mehr als 50 % der Unterrichtszeit in den Sprachunterricht. **Fremdsprachkompetenz** (schriftlich und mündlich) wird als **Schlüsselqualifikation** angesehen. Und die Aussage von Jean-Claude Juncker, Fremdsprachen seien der kürzeste Weg zu einem guten Arbeitsplatz, wird durch den großen, jährlich ansteigenen Zustrom an hochqualifizierten Arbeitskräften untermauert. Viele der Immigranten arbeiten am liebsten als Sprachlehrer oder Übersetzer – übrigens zwei der bestbezahlten Berufe Luxemburgs.

LUXEMBURG ENTDECKEN

016be Abb.: kj

Mir wölle bleiwe
wat mir sin

Wer an Luxemburg denkt, hat sicherlich zuerst die Festungsanlagen und die Kasematten im Sinn. Doch die Stadt hat weitaus mehr zu bieten, sowohl in der Ober- als auch in der Unterstadt und auch entlang den Flussläufen. Und der Vorteil bei alldem ist, dass man die Sehenswürdigkeiten des Zentrums sehr bequem zu Fuß erreichen, per Joggingtour erlaufen oder zumindest per Lift ansteuern kann.

OBERSTADT

Unter dem Begriff Oberstadt versteht man vor allem und in erster Linie die Altstadt rund um die zentralen Plätze **Knuedler (Place Guillaume II.)** ⑰ und **Place d'Armes** ⑩ . Der Luxemburger nennt diesen Teil seiner Stadt ganz unspektakulär „**Centre**". Warum dieser historische Teil Luxemburgs Oberstadt genannt wird, erschließt sich dem Besucher sofort, wenn er von der Corniche ❸ aus einen Blick in die tiefe Schlucht und die darin gelegene **Unterstadt** wirft. Denn von den Rändern der zentralen Altstadt aus stürzt die städtische Welt steil nach unten und man hat mitten in der Stadt die Möglichkeit, seinen Blick in die Ferne – oder eben hier: in die Tiefe – schweifen zu lassen.

❶ BOCKFELSEN ★ ★ ★ [F3]

Die **strategisch günstige Lage** dieses zentralen Felsens im Herzen der Stadt hat bereits den Ardennergrafen Siegfried im Jahr 963 begeistert.

Er erwarb das felsige Land rund um den Felsvorsprung, um damit in einem Tauschgeschäft mit der Trierer Abtei St. Maximin hier seine Burg zu errichten. Viele luxemburgische Besucher suchen diese „Luxemburg" heute noch im Stadtbild, dabei ist die berühmte Wehranlage, die **Lucilinburhuc**, längst Vergangenheit.

Der berühmte Bockfelsen, auf dem sie einst stand, die **Wiege der Stadt**, ist nach wie vor von drei Seiten vom

◀ *Vorseite: „Wir wollen bleiben, was wir sind" – Luxemburger Motto in der Altstadt*

▲ *Blick auf das Festungsrelikt „Hohler Zahn" auf dem Bockfelsen*

Mit dem Lift in die Unter- und die Oberstadt

Kostenlos und innerhalb von zwei Minuten gelangt man mit dem Lift von der Ober- in die Unterstadt. Man findet diese bequeme Art des senkrechten Städtereisens in der Oberstadt am Heiliggeist-Plateau. Ganz so einfach ist der Lift nicht zu finden: Am Place Clairefontaine ⑲ geht man links an der Statue der Großherzogin Charlotte vorbei, dann eine kleine Gasse hinunter zur Rue du Saint-Esprit. Dort biegt man nach rechts ab und gelangt nach ca. zweihundert Metern an das Plateau Saint-Esprit. Bereits von Weitem erkennt man Piktogramme, die den Weg zum Lift und damit zum Stadtteil Grund weisen. Die grafischen Hinweisschilder zeigen drei Menschen in einer engen Kabine. Allerdings passen gut und gerne zehn Menschen in den Aufzug. In der Unterstadt Grund findet man den Fahrstuhl am Ende eines Fußgängertunnels, in der unmittelbaren Nähe der Alzette-Brücke.
●111 [E4] Lift

Ab 2012 wird es an der Roten Brücke voraussichtlich einen weiteren Lift geben, der hinunter zum Stadtteil Clausen führt.

EXTRAINFO

Weinanbau
im Herzen der Stadt

Wein war bis Anfang des 20. Jahrhunderts in Luxemburg ein Grundnahrungsmittel. Kein Wunder, dass man auch mitten in der Hauptstadt nicht auf die Reben verzichten wollte. Doch der einzige Ort, der sich im Stadtgebiet dazu eignet, sind die **Hanglagen unterhalb des Bockfelsens** im Grund. Nur hier bekommen die Trauben genug Sonne und nur hier wärmt sich das Gestein des Bockfelsens genügend auf, um einen hinreichend hohen Oechsle-Grad zu gewährleisten. Noch heute wird an diesem geschichtsträchtigen Ort Wein angebaut, wie der aufmerksame Besucher unterhalb des Bockfelsens sehen kann.

Alzette-Tal umgeben und nur von Westen her zugänglich, eine heute wie bereits in damaliger Zeit strategisch einmalige Lage. Steht man am Bockfelsen, auf dem sogenannten **Montée de Clausen**, und schaut nach Osten die hinunterführende Straße hinab, so liegt rechts von einem der Stadtteil Grund, direkt vor einem Clausen und links die Unterstadt Pfaffenthal.

Der Bockfelsen ist eine der besten Stellen der Stadt Luxemburg, um seinen Citytrip zu starten, da man gleich einen **herrlichen Überblick** über das Tal der Alzette und die Unterstädte gewinnen kann.

Monument der Jahrtausendfeier

Als die Stadtverwaltung und die Regierung Luxemburgs 1963 beschlossen, zur Jahrtausendfeier der Hauptstadt auf dem Bockfelsen ein Denkmal an der Montée de Clausen zu errichten, stieß man während der Bauarbeiten auf die Grundmauern einer alten Burganlage. Sehr schnell erkannte man, dass es sich nur um die Überreste der ersten Burg des Ardennergrafen Siegfried handeln konnte. Was für ein historischer Fund! Das ursprünglich angedachte Denkmal zur Jahrtausendfeier sollte es aufgrund dieses Fundes niemals geben.

Dafür aber hat die Stadt Luxemburg heute an dieser Stelle eine Sehenswürdigkeit der Extraklasse. Nach dem teilweisen Wiederaufbau sowie der Vervollständigung der freigelegten Grundmauern, sieht man heute hier auf dem restaurierten Plateau des Bockfelsens nichts weniger als die **Überreste des ersten Schlosses** der Grafen von Luxemburg. Ein schöneres Monument zur Jahrtausendfeier konnten sich die Bürger der Stadt gar nicht wünschen.

Schlossbrücke

Wer die heutige Schlossbrücke sucht, wird möglicherweise enttäuscht, ist doch weit und breit kein Schloss zu sehen. Unmittelbar am Bockfelsen ist hingegen eine 1735 aus rotem Sandstein erbaute Brücke in den Felsvorsprung integriert, den die Luxemburger schlicht und ergreifend „Bock" nennen. Vor 1735 existierte an dieser Stelle eine hölzerne Zugbrücke, die den Felsvorsprung mit der Stadt verband. Heute stellt die 1993 vollständig restaurierte Brücke eine Verbindung zwischen dem Bockfelsen und der Oberstadt her. Gleich unterhalb der Schlossbrücke findet man den Eingang zu den Bockkasematten.

▶ *Im „Bauch der Stadt",*
dem eindrucksvollen Labyrinth
der Bockkasematten

❷ BOCKKASEMATTEN ★ ★ ★ [F3]

Nachdem die Stadt Luxemburg 1443 von den Burgundern erobert worden war, blieb sie die darauffolgenden 400 Jahre besetzt. Allein die Herrscher wechselten fleißig und so wurde die heiß begehrte Festungsstadt von burgundischen in spanische, französische, österreichische und deutsche Hände übergeben. Die besten Festungsingenieure schufen nach und nach durch immer neue Ringwälle und Kasematten, unterirdische Felsgänge, eine der mächtigsten Festungen der Welt – das viel zitierte „Gibraltar des Nordens".

Die Gänge sind **insgesamt 24 km lang**, wovon 17 km nach der Schleifung der Festung heute noch übrig sind. Das Graben der Kasematten war seinerzeit ein beständiges Katz- und Maus-Spiel zwischen Angreifern und Verteidigern. So entstanden neben unterirdischen Schartenkammern, Schießschächten, Vorratskammern, Büchsengalerien, Hinterwehren, Verbindungstreppen und -gängen auch **Konterminen**. Denn jeder Gang, jede Mine, hatte Konterminen, um Angreifer in die Irre zu führen. Das waren meist Sackgassen, wobei man deren Eingang sprengte, nachdem die

WIE LUXEMBURG ZU SEINEM NAMEN KAM

In der historischen Stadturkunde von 963 ist von einem „castellum", einem befestigten Turm, die Rede, dessen Benennung lange Zeit Rätsel aufgab. („ … Castellum quod dicitur Lucilinburhuc"). Von Historikern wird die Bedeutung des Namens **„Lucilinburhuc"** auf das Wort „Letze" zurückgeführt, welches einen befestigten Felsvorsprung oder eine kleine Burg bezeichnet. Im Jahr 1225 werden zum ersten Mal die Begriffe „burgus Lucelenburgensis" bzw. „opidum et castrum Luxelenburgensis" erwähnt, außerdem ist in Schriften von einem „munitio" (Erdwall) und von „trunci" (Palisaden) die Rede.

Die Historiker gingen aus diesem Grund lange davon aus, dass der Stadtgründer Graf Siegfried von Luxemburg eine Wehranlage errichtete und die „Lucilinburhuc" dabei die Überreste eines römischen Wehrturms bezeichneten, der zur Überwachung eines Römerweges diente, der von Trier an der Mosel bis nach Reims in Frankreich reichte. Dieser bewachte Weg war im Auftrag eines Klosters errichtet worden, da im frühen Mittelalter die Überfälle der Normannen und Hunnen zunahmen.

Erst um 1990 konnte durch archäologische Funde bewiesen werden, dass bereits um 300 n. Chr. eine militärische Anlage römischen Ursprungs auf dem Bockfelsen stand. Diese wurde dann zwischen 400 und 600 weiter ausgebaut.

Eindringlinge dort gefangen waren. Die Verteidiger hatten meist Pläne der Kasematten. Doch auch die Angreifer bauten ihrerseits eigene unterirdische Gänge und versuchten so, unter die Festungsmauer zu gelangen oder in das Kasematten-Netzwerk einer Bastion hineinzukommen und sie dann von innen her einzunehmen.

Wenn man das Drehkreuz zu den Kasematten passiert hat, gelangt man zunächst in das didaktische Vorzimmer der Festungsgänge. Die „archäologische Krypta" beherbergt einige sehenswerte Relikte aus der Anfangsgeschichte der Stadt und zeigt Ausgrabungsfunde und Schnittbilder, die das verzweigte Labyrinth der unterirdischen Gänge verdeutlichen sollen und in die Geschichte der Kasemattenanlagen einführen.

Nach dem Besuch der archäologischen Krypta steigt man die Treppen hinab und geht unten am Treppenabsatz nach links. Hier, in den untersten Kellern der Lützelburg, hat man durch die Schießscharten einen wunderbaren Blick auf das **Panorama des Alzette-Tals**. Durch die (inzwischen vermauerten) Öffnungen in der Decke

wurden einst die Kanonen runtergelassen. Die zwischen 1737 und 1746 durchgeführten unterirdischen Arbeiten zur Zeit der österreichischen Herrschaft schufen hier einst Platz für 50 Kanonen und eine Garnison von 1200 Soldaten.

Beim weiteren Gang durch die Bockkasematten (idealerweise mit Führung) kann man schöne Ausblicke auf die Rote Brücke **38** werfen und gelangt in den Schlafraum und das Vorzimmer des Feldmarschalls von Bender. Auch von hier aus bieten sich wieder schöne Ausblicke auf die Felsen, die Abtei Neumünster, den Viadukt und das Rham-Plateau. Der Weg führt den Besucher darauf zu Sprengkammern und zu einem weiteren Bereich des Wohnturmkellers.

Durch eine Eisentür gelangt man in die „**Grund-Batterie**", die mit vier Schießscharten und acht Kanonen ausgestattet war. Die Kanonen feuerten abwechselnd (drei Schuss pro Stunde). Die Batterie wurde früher

▲ *Blick von außen auf die Bockkasematten*

als Theaterbühne des **Kasematten-theaters** (s. S. 36) genutzt. Wenn man der Wendeltreppe folgt und über die Schlossbrücke zum Ausgang geht, bieten sich weitere eindrucksvolle Ausblicke auf das Tal.

> März–Okt. tgl. 10–17 Uhr, Eintritt: 2 €, Kinder 1,50 €. Führungen sind empfehlenswert, Preis auf Anfrage. Der Eingang zu den Kasematten befindet sich am Bockfelsen, gleich unterhalb der Schlossbrücke.

❸ CORNICHE ★★★ [E3]

Das französische Wort *Corniche* bedeutet u.a. „Weg über einem Steilhang". Auf die Corniche in Luxemburg trifft diese Bezeichnung in besonderem Maße zu, denn die Corniche verläuft auf einem **steinernen Wall**, den Spanier und Franzosen im 17. Jahrhundert entlang einer sehr steilen, natürlichen Felswand errichtet haben.

■ GOETHE UND DIE LUSTHÄUSER

Goethe war bei seiner Abreise aus Weimar im Jahr 1792 nicht gerade begeistert. Herzog Carl-August von Sachsen-Weimar hatte ihn eingeladen, am Feldzug gegen Frankreich teilzunehmen. Doch Goethe war an Kriegen wenig interessiert und so wird der einwöchige Zwischenstopp in Luxemburg dem Dichter Goethe gerade recht gekommen sein. Er notiert in seinen Aufzeichnungen: „…mir verschaffte der gewandte Quartiermeister ein hübsches Zimmer, das aus dem engsten Höfchen, wie aus einer Feueresse, doch bei sehr hohen Fenstern genugsames Licht erhielt. Hier wußte er mich mit meinem Gepäck und sonst gar wohl einzurichten und für alle Bedürfnisse zu sorgen."

Wahrscheinlich hat Goethe damals in der Nähe des Fischmarkts ❻ *Quartier bezogen. Nicht nur das gastronomische Juwel **Goethe Stuff** (s. S. 25) und der **Goethe-Reiseweg** (s. S. 125) erinnern daran, dass einst der deutsche Dichterfürst in der Stadt Luxemburg zu Gast war, auch eine Plakette am Bockfelsen* ❶ *verweist darauf. Allerdings sparen sämtliche Inschrif-*

*ten und Gedenktafeln in Luxemburg-Stadt einige pikante Details aus. So erwähnte Johann Wolfgang von Goethe explizit die im Tal der Pétrusse zu findenden **Lusthäuser**. Folgender Eintrag findet sich in seinem Text „Campagne in Frankreich 1792" am 15. Oktober:*

„Nichts kann deshalb einen wunderlichern Anblick gewähren als das mitten durch dies alles am Flusse sich hinabziehende enge Tal, dessen wenige Flächen, dessen sanft oder steil aufsteigende Höhen zu Gärten angelegt, in Terrassen abgestuft und mit Lusthäusern belebt sind, von wo aus man auf die steilsten Felsen, auf hochgetürmte Mauern rechts und links hinaufschaut. Hier findet sich so viel Größe mit Anmut, so viel Ernst mit Lieblichkeit verbunden, dass wohl zu wünschen wäre, Poussin hätte sein herrliches Talent in solchen Räumen betätigt."

Der Dichter Goethe war fasziniert von der Festungsstadt, vom luxemburgischen Essen, vom Wein und, auch wenn es alle Gedenktafeln verschweigen, natürlich auch von den Frauen der Stadt.

032|u Abb.: jr

HIER FINDET SICH SOVIEL GRÖSSE MIT ANMUT, SOVIEL ERNST MIT LIEBLICHKEIT VERBUNDEN, DASS WOHL ZU WÜNSCHEN WÄRE, POUSSIN HÄTTE SEIN HERRLICHES TALENT IN SOLCHEN RÄUMEN BETÄTIGT. GOETHE ÜBER LUXEMBURG, CAMPAGNE IN FRANKREICH, 15. OKTOBER 1792

Ein Gang über diesen Weg bietet mitten in der Altstadt einen wirklich **beeindruckenden Ausblick** auf die Felsenlandschaft der Innenstadt, die tiefen Täler der Alzette, den Bockfelsen mit seinen Kasematten-Tunneln. Tief unten schmiegen sich die Häuschen der Unterstadt idyllisch aneinander, ganz in der Nähe wuchert Wein und wachsen Gemüse und Obst in den hängenden Gärten. Man blickt auf die Abtei Neumünster 🟥35, auf das wuchtige Rham-Plateau 🟥27 auf der anderen Seite des Tals und auf die Silhouette des jungen Stadtteils Kirchberg.

🔴4 SPANISCHE TÜRMCHEN ★★ [E3]

Die spanischen Türmchen sind **Bestandteil der Festung Luxemburg** und heißen so, weil ihr Baubeginn auf die Zeit der spanischen Besetzung in der Mitte des 17. Jahrhunderts fällt. Fertiggestellt wurden sie aber durch den französischen Festungsbaumeister de Vauban.

▲ *Schon Goethe war von Luxemburg begeistert*

▶ *Die älteste Kirche der Stadt: St. Michael am Fischmarkt*

Die **ehemaligen Geschütztürmchen** dienten den Wachen als Unterstand. So waren sie vor Schnee, Wind und Regen geschützt, während sie versuchten, Spione oder Feinde zu erspähen. Es soll einmal 38 spanische Türmchen in der Stadt gegeben haben. Heute sind noch neun von ihnen zu sehen, die allesamt mit einem modernen Spitzdach ausgestattet wurden, das ihnen eine markante Gestalt verleiht. Wegen ihrer Form werden sie von den Einheimischen auch als *Pefferbécks* bezeichnet, also als Pfefferstreuer.

🔴5 ST. MICHAELSKIRCHE ★ [E3]

Die St. Michaelskirche am Fischmarkt gilt als das **älteste sakrale Bauwerk der Stadt**. Bereits 987 stand an der Stelle der heutigen St. Michaelskirche die Burgkapelle der Luxemburger Grafen. Im Laufe der Jahrhunderte wurde die Kirche immer wieder zerstört, aufgebaut und erweitert, sodass der Bau romanische, gotische und barocke Elemente aufweist. Bei einem schlimmen Brand im Jahr 1554 wurden neben der Kirche auch noch 180 Häuser der Altstadt zerstört.

Die **Fassade** wurde 2002 in den ursprünglichen Zustand gebracht. Links an der Schauseite sieht man die Überreste eines zugemauerten romanischen Zugangs. Neben dem Hauptportal steht eine kleine Kapelle mit einer Replik der Statue des Namensgebers der Kirche, des heiligen Michael. Das Original befindet sich in der Kirche. Das **Renaissance-Portal** wurde von König Louis XIV. 1689 gespendet. Aus diesem Grund erkennt man auf dem Portal auch weiße Lilien, das Wappen des französischen Königs.

Der Innenraum ist für seine **gute Akustik** bekannt und für seine

wunderschöne Orgel, die 1609 für ein Franziskanerkloster gebaut wurde. In der Kirche befindet sich gleich rechts eine 1630 erbaute Kapelle mit einem Barockaltar. Auch der **Hauptaltar** ist im Stil des Barock gestaltet. Er geht auf den Bildhauer und Maler Bartholomäus Namur zurück, der auch die beiden Figuren links und rechts des Altars gestaltet hat. Das Altarbild mit der Darstellung der Himmelfahrt Marias stammt von Caspar de Crayer, einem Schüler des niederländischen Malers Peter Paul Rubens.

❻ FISCHMARKT (FËSCHMAART, MARCHÉ-AUX-POISSONS) ★ ★ ★ [E3]

Der Fischmarkt, der älteste Markt der Stadt, ist das historische Zentrum der Altstadt. Seit dem Mittelalter wurden hier, auf dem Vorplatz der Grafenburg, die ersten Märkte abgehalten. Wenn auch andere Plätze in Luxemburg-Stadt den Fischmarkt mittlerweile an Größe übertreffen, bleibt er für die Luxemburger selbst weiterhin ein wichtiger Ort ihres Stadtlebens mit großer historischer Bedeutung.

Von jeher diente der ehemalige **Kreuzungspunkt zweier Römerstraßen** als wichtiger Handelsplatz. Am alten **Lentzer Eck,** direkt vor dem beliebten Lokal namens Urban (s. S. 32), füllen sich heute, nicht nur zur warmen Jahreszeit, abends die Straßen mit feiernden Menschen. Der Fischmarkt ist hier, an seinem absoluten Brennpunkt, mittlerweile zu einem **gastronomischen Erlebnis** und einem **kulturellen Mittelpunkt** der Stadt geworden. Vor allem bei Briten und Iren ist dieser Teil der Stadt sehr beliebt. Steht man abends mit einem Glas Guinness an einem Stehtisch auf der Straße, so fühlt man sich ein wenig nach Dublin oder London versetzt. Wohl kaum einer der zahlreichen Besucher dieses Viertels ahnt jedoch, das just an dieser Stelle des

034lu Abb.: jr

KLEINE PAUSE

Lokal mit traumhafter Aussicht

Vom großen Platz vor dem Nationalmuseum für Kunst und Geschichte zieht es die meisten Besucher direkt in die Logengasse und zu den weiteren alten Gässlein der Altstadt. Keinesfalls entgehen lassen sollte man sich jedoch einen sehr versteckten Ort, von dem aus man **einen der spektakulärsten Blicke** auf die Schlucht der Alzette genießen kann.

Die Rue Wiltheim, rechts direkt neben dem Nationalmuseum, führt hinunter zu einer Weinstube namens Vinoteca. Man sieht sie bereits vom Vorplatz des Museums aus. Rechts neben dem Eingang in das Lokal befindet sich ein alter Torbogen. Der Weg durch den Bogen führt auf einen kleinen Platz und dann hinten links um die Ecke zu einer **Terrasse**. Von dieser sehr ruhigen Terrasse aus genießt man bei einem guten Glas Wein einen wunderbaren Blick auf das Tal und das gegenüberliegende Plateau Kirchberg.

📍**112** [E3] **Vinoteca**, Rue des Labours 8

Fischmarktes, am Lentzer Eck, im Mittelalter der Henker sein Beil geschwungen hat und später seine Guillotine aufstellte.

Bereits die erste Ringmauer der Stadt umfasste ziemlich genau den Bereich, der heute als Fischmarkt bekannt ist. Hier ließen sich Bauern und Handwerker nieder, die im Dienst des Schlossgrafen Siegfried standen, der hier, am Bockfelsen ❶, 963

seine Burg errichtet hatte. In den engen Gassen rund um den Fischmarkt entstanden auch ein Käse- und ein Viehmarkt.

Im 11. Jahrhundert stieg die Zahl der Einwohner rund um den Fischmarkt so stark an, dass eine zweite Ringmauer mit zwölf Wachtürmen errichtet werden musste. Der Fischmarkt kann also als **historische Keimzelle** angesehen werden, um die sich die Stadt im Lauf der weiteren Jahrhunderte konzentrisch entwickelte.

Der Fischmarkt ist einer der historisch interessantesten Orte der Stadt und ein Rundgang lohnt sich auf jeden Fall.

🔺 *Rund um den Fischmarkt finden sich viele Lokale mit einladender Außengastronomie*

Spaziergang
rund um den Fischmarkt

Ein idealer Ausgangspunkt für einen Rundgang ist die **Rue Wiltheim** direkt am **Nationalmuseum für Kunst und Geschichte** ❶.

Dreht man dem Museum den Rücken zu, sieht man gleich rechts die kleine **Rue de la Loge**. 1854 bekam die kleine Straße, die bislang „Krämerhausgasse" hieß, diesen Namen. Am **Haus Nr. 2** der Gasse, dem Eckhaus mit kleinem überdachtem Vorbau, kann man sich ein Bild davon machen, wie die Menschen hier im Mittelalter gelebt haben. Es handelt sich hier um das **älteste Haus der Stadt**, das bis ins 10. Jahrhundert hinein als Gemeindehaus diente. In dem im spätgotischen Stil erbauten, später mit einer Vorhalle im Renaissancestil versehenen Haus befindet sich seit 1824 ein Gasthaus. (Aktuell ist dies das Restaurant „Onnert de Steiler".) Interessant sind die gotischen Mauerarbeiten über den Fenstern im ersten Stock. An der Fassade befindet sich auch eine spätgotische Nische mit einer Muttergottes mit Kind.

Einige Schritte weiter befindet sich ein Haus mit einem hübschen Erkertürmchen, an dem außen der Wahlspruch der Luxemburger zu lesen ist: **„Mir wölle bleibe, wat mer sin"**. („Wir wollen bleiben, was wir sind.") Auch hier, wo einst Goethe logierte, ist seit über 200 Jahren die Gastronomie zu Hause. Als bekanntester Koch und Gastwirt seiner Zeit gilt bis heute Heinrich Schamburger, der hier Mitte des 18. Jahrhundert seinen „Kuttelfleck" serviert hat, eine luxemburgische Delikatesse, die heute nicht mehr allzu viele Freunde findet. Historisch, vor allem aber gastronomisch interessant, ist der Gang rechts unter dem Torbogen hindurch.

Man betritt einen **winzigen Hof** mit altem Grillrost, Gemäuer und Wendeltreppen. Hier in der **Îlot Gastronomique** haben sich einige der besten Restaurants der Stadt angesiedelt. Auch Goethe soll seinerzeit hier gespeist haben, wie das Restaurant Goethe Stuff (s. S. 25) mit seinem Namen betonen möchte.

Durch den Torbogen und die hinaufführenden Treppen könnte man auch hinauf in die Rue de l'Eau gelangen, doch sollte man vorher noch einen Blick auf das dem Torbogen gegenüberliegende Haus werfen. Das **Konschthaus Beim Engel** (s. S. 39) wurde 1988 an die Freimaurerloge verkauft, die bereits im Besitz der Häuser Nr. 3 und 5 war. Das Haus ist heute eine Kunstgalerie, in der auch der luxemburgische Schriftstellerverein Quartier gefunden hat. Es gehört mit seinen Nachbarhäusern zu den wenigen Altstadthäusern, die noch über einen eigenen kleinen Garten verfügen.

Weiter die Rue de la Loge entlang gelangt man zur **Rue de l'Eau**, die sogenannte Wassergasse, deren Namen sich aber nicht von Wasser ableitet, sondern eine Verballhornung des früheren Namens ist. Die hier einst verlaufende Wastlergasse verdankt ihren Namen nämlich einem Kuchen namens „Wastel". Inzwischen ist die Wassergasse aber auch keine kleine Gasse mehr, sondern ein Platz, auf dem man zahlreiche Straßen- und Terrassencafés finden kann. Gleich rechts beim Bistro d'Art-Scene (s. S. 123) befand sich dort, wo heute eine Terrasse zu finden ist, ein Innenhof mit einem berühmten Brunnen.

Der Sage nach ist der Brunnen niemals ausgetrocknet und wurde noch bis 1866 benutzt. Die einst hier zu sehende **Statue des heiligen Nepomuk**, der im Volksmund auch „Bommenzinnes" genannt wurde, scheint ebenfalls verschwunden. Doch entdeckt man sie heute an anderer Stelle wieder, nämlich an der Ecke der Fassade des Hauses, links oben.

Geht man die Rue de l'Eau in westlicher Richtung weiter, also in Richtung des Großherzoglichen Palastes **8**, kommt man an das Haus mit der Nummer 22, an dessen Fassade der **Kopf eines lachenden Dämons** zu sehen ist. Die Figur stammt aus der Zeit, als an dieser Stelle das Kino „Cinéma de la Cour" errichtet wurde. Bei den Ausgrabungsarbeiten für das Kino haben Bauarbeiter einen Münzschatz in einem Krug gefunden, der einst hier versteckt wurde. Die Silbermünzen stammen aus dem 13. Jahrhundert. Der Kopf des Dämons wurde anschließend an der Fassade des Hauses angebracht. Er steht übrigens als eigenständiges Kunstwerk in keinem unmittelbaren Zusammenhang zum Münzfund.

Von der Rue de l'Eau führt rechts eine Straße zum **Großherzoglichen Palast 8**. Biegt man in die Rue du Marché-aux-Herbes rechts ein und folgt ihr anschließend geradeaus, am Palais entlang, gelangt man zum **Lentzer Eck**, einem typischen Bürgerhaus aus dem 18. Jahrhundert. Heute befindet sich in diesem Haus das beliebte Lokal Urban (s. S. 32). Vis-à-vis steht ein großes Eckhaus, an dessen Fassade eine Marienstatue zu sehen ist. Im 16. Jahrhundert war dies das Zunfthaus der Bäcker und Metzger, die gleich unterhalb des Hauses ihre Verkaufsstände hatten. Heute kann man sich hier im **Maison de l'Europe**, im **Europäischen Informationszentrum**, zu allen Aspekten der Europäischen Gemeinschaft beraten lassen.

> **Centre d'Information Européen,**
Maison de l'Europe 7, Rue du Marché-aux-Herbes, Tel. 00352 430137833

Etwas weiter die Rue du Marché-aux-Herbes nach rechts entlang folgt das Eckhaus der Krautmarkt- und Gerichtsstraße, in dem die heutige **Generalbank von Luxemburg** zu finden ist. Im Volksmund wird es „**Conrotseck**" genannt. An der Fassadenecke sieht man das Zunftwappen der Bäcker, eine restaurierte **Pietà** und die Jahreszahl 1570, das Jahr, in dem dieses Haus gebaut wurde. Die originale Marienstatue stammt noch aus dem früheren Zunfthaus und wurde 1897 von Leo Conrot an der Fassade angebracht.

Geht man von hier aus in die **Nordstraße**, wird man an deren Ende mit einer **wunderbaren Aussicht** auf das Pfaffenthal belohnt. Der Luxemburger nennt diese Straße **Chiggerisgaass**, weil hier im 19. Jahrhundert eine Fabrik gleichen Namens stand. Noch heute findet man hier das Restaurant-Café Chiggeri (s. S. 26) mit seiner schönen Aussichtsterrasse. In der Nordstraße konnte man früher über der Eingangstür des Hauses Nr. 11 ein **Pestkreuz** sehen. Leider sind diese Kreuze heute fast gänzlich aus der Altstadt verschwunden. Vom 15. bis zum 17. Jahrhundert brachte man sie über den Hauseingängen an, in dem Glauben, so die Pest fernhalten zu können, die in Luxemburg vor allem in den Jahren 1666 und 1678 wütete und unzählige Opfer forderte.

Am Ende der Nordstraße ist heute nicht mehr viel Historisches zu finden. In unmittelbarer Nähe befinden sich die modernen Verwaltungsgebäude der Luxemburgischen Justiz. Anhänger der historischen Altstadt sehen diese Gebäude als Schandfleck an und würden sie lieber heute als morgen abreißen.

Dort, wo die Nordstraße auf die Straße Côte d'Eich trifft, geht es links weiter bis zur nächsten Straßenkreuzung, vorbei an einem Häuserkomplex, den man in der Hauptstadt als **Am Dierchen** kennt (dt. Im Dörfchen).

An der nachfolgenden Ecke Côte d'Eich/Grand-Rue (lux. Groussgaass) stand bis vor wenigen Jahren noch die wegen ihres malerischen Eingangs berühmte **Mohrenapotheke**. Heute befindet sich in dem Gebäude ein Bekleidungsgeschäft, doch die zwei namensgebenden dunkelhäutigen Figuren sind samt prächtiger Bemalung links und rechts der Eingangstür glücklicherweise erhalten geblieben.

Austern aus dem Mittelalter

Gleich neben dem Nationalmuseum für Geschichte und Kunst, in der Rue Sigefroi 1, steht eines der ältesten und schönsten Häuser der Altstadt. In dem Gebäude „Gëlle Klack" befindet sich heute das Hotel Parc Beaux Arts. Im Bistro des Hauses, das man über die Rue de la Justice betritt, deutet zunächst nichts auf die historischen Gemäuer hin, die im Keller des Hauses zu finden sind. Bei archäologischen Ausgrabungen hat man hier zahlreiche Keramiken und Gebrauchsgegenstände aus der Zeit des frühen Mittelalters gefunden. Was dabei am meisten erstaunt, sind die versteinerten Austern, die man hier entdeckt hat. Sie deuten darauf hin, dass einige Luxemburger schon vor über 500 Jahren Gourmets gewesen sein müssen.

Gäste des Hauses und des Restaurants können sich, Verzehr vorausgesetzt, die Ausgrabungsstätten in den Kellerräumen zeigen lassen.

113 [E3] **Gëlle Klack**, Brasserie des Hotels Parc Beaux Arts, Rue Sigefroi 1

Sie sind das Werk des luxemburgischen Künstlers **Léon Nosbusch**.

Die **Gerichtsstraße**, die links hinunter führt, wurde nach dem **Gerichtsgebäude** benannt, das hier ursprünglich 1565 vom Grafen Mansfeld als Gouverneurspalast angelegt wurde. Das Gebäude wurde als Sitz des Festungskommandanten, des österreichischen Feldmarschalls Bender, konzipiert, der die Stadt in den Jahren 1794 und 1795 gegen die Franzosen verteidigte. Heute ist am einst belebten **Gerichtsplatz** Ruhe eingekehrt und das alte majestätische Gebäude schlummert friedlich vor sich hin. Die Kanonenkugeln, die noch im letzten Jahrhundert im Garten des Gerichtsgebäudes gefunden wurden, sind heute im Nationalmuseum zu sehen.

Rechts vom Gerichtsgebäude führt eine schmale, kleine Gasse entlang, die man **Münzgasse** (lux. *Mënzegaass*) nennt. Sie führt zurück zum Ausgangspunkt des Rundgangs um den Fischmarkt. Links neben dem Nationalmuseum für Geschichte und Kunst, in der Rue Sigefroi 1, ist die Brasserie des Hotels Parc Beaux Arts zu sehen. Über dem Eingang ist in geschwungenen Buchstaben noch der historische Name dieses Hauses zu erkennen. Die **„Gëlle Klack"**, also die „Gelbe Glocke", stammt aus dem Jahr 1736. Unbedingt besichtigen sollte man den Keller dieses Gebäudes, denn dort kann man archäologische Funde wie mittelalterliche Austern bestaunen (s. S. 69).

Da sich gleich rechts neben der „Gëlle Klack" der Vorplatz des Nationalmuseums für Kunst und Geschichte befindet, sind wir am Ende der kleinen Altstadt-Tour angekommen, die man im Bistro des Hotels mit einem guten Café beenden kann.

❼ MUSÉE NATIONAL D'HISTOIRE ET D'ART (NATIONALMUSEUM) ★ ★ ★ [E3]

Das Musée National d'Histoire et d'Art ist sozusagen die Urmutter aller luxemburgischen Museen. Jahrelang musste es sich mit einem trostlosen architektonischen Rahmen begnügen, doch seit einer umfassenden Umgestaltung im Jahr 2005 zeigt es nun archäologische Schätze sogar unterirdisch, direkt unter dem belebten Fischmarkt.

Die bewusst moderne Gestaltung inmitten historischer Patrizierhäuser sorgte in der Altstadt allerdings auch für Proteste. In den neuen lichtdurchfluteten Räumen zeigt man nun auf sechs verschiedenen Ebenen **Kunsthandwerk und Volkskunst** von Möbelstücken bis zur Hinterglasmalerei sowie mittelalterliche Sammlungen der **Festungs- und Waffenkunst.** Geschickt hat man in den unterirdischen Sälen den reinen Fels mit in die Ausstellungsfläche integriert. Besonders sehenswert sind neben den naturkundlichen Werken die Neuerwerbung eines **romanischen Mosaiks** und die Stücke, die einen Überblick über die **moderne luxemburgische Kunst** von 1839 bis 1960 verschaffen. Von einigen Sälen aus sind Patrizierhäuser der Rue Wiltheim zu erreichen, in denen die Abteilung für Volkskunst und -traditionen untergebracht ist.

❯ Marché-aux-Poissons, Tel. 4793301, www.mnha.lu, Di–So 10–17 Uhr, Eintritt: Erwachsene 5 €, Familientarif 10 €

▶ *Die Residenz des Großherzogs: das Palais Grand Ducal am ehemaligen Gewürzmarkt*

❽ GROSSHERZOGLICHER PALAST (PALAIS GRAND DUCAL) ★ ★ [E3]

Der 1572 errichtete Großherzogliche Palast ist **Stadtresidenz der Großherzoglichen Familie** und liegt mitten im Altstadtviertel, gleich um die Ecke des Place Guillaume und keine fünf Minuten vom Fischmarkt ❻ entfernt. So mancher Besucher Luxemburgs hält das prachtvolle ArcelorMittal-Gebäude oder die Sparkasse ㉓ für das Schloss und schlendert achtlos an den Wachtposten vorbei. Dabei ist das Großherzogliche Palais gar nicht so unspektakulär und gemeinsam mit der Kathedrale ⓲ eines der wenigen wirklich alten Gebäude der Stadt.

Innen ist das Palais heute eher schick als historisch. Aufgrund seiner zahlreichen Umbauten galt es lange als unspektakulär, was aber heutige Besucher nicht davon abhält, einmal nachzusehen, wie einer der reichsten Monarchen der Welt denn so wohnt.

An der Stelle des heutigen Palais befand sich einst das **erste Rathaus** der Stadt Luxemburg. Nachdem es durch eine Pulverexplosion im Jahr 1554 zerstört wurde, baute man 20 Jahre später an seiner Stelle das heutige Palais im Stil der Renaissance auf.

Während der **deutschen Besatzung** im Zweiten Weltkrieg diente das Palais den Nationalsozialisten **als Konzerthalle und Taverne**, dabei wurde ein Großteil der Möbel und Kunstgegenstände beschädigt oder zerstört. Bei Rückkehr der Großherzogin Charlotte aus dem Exil (1945) diente das Palais als Sitz des großherzoglichen Gerichts. Während der 1960er-Jahre wurde der Palast neu eingerichtet und

zwischen 1991 und 1996 vollständig restauriert. Seitdem wird die Inneneinrichtung regelmäßig erneuert.

Wenn die luxemburgische Fahne über dem Dach weht, bedeutet dies, dass der Großherzog und seine Frau im Hause weilen. Die Großherzogliche Familie residiert in der zweiten und dritten Etage. Jedes Jahr am 23. Juni strömt das Volk anlässlich des luxemburgischen **Nationalfeiertages** zum Palais, um dem Monarchen zuzujubeln.

❯ Rue du Marché-aux-Herbes 17, Anfahrt mit dem Bus 12, 16 und 18, Haltestelle Palais Grand Ducal, geöffnet: tgl. 9–17 Uhr, Mi geschlossen. Führungen werden nur in den Sommermonaten angeboten.

Rechts, gleich neben dem Großherzoglichen Palast, sieht man die luxemburgische **Abgeordnetenkammer**, die sogenannte **Chamber**. Wie in Luxemburg üblich, werden französische Begriffe in der landeseigenen Sprache Lëtzebuergesch gerne ein wenig abgewandelt. So heißen die Zwiebeln auf Französisch *oignons,* auf Luxemburgisch *Ënnen,* und aus dem Kamin, den die Franzosen *cheminée* nennen, wird das wunderschöne Wort *Schminni.* Kein Wunder also, dass auch das **landeseigene Parlament** anstatt „Chambre des Députés" einfach nur kurz und knackig „Chamber" genannt wird.

Damit die Abgeordneten nicht immer über die Straße laufen müssen, um in ihre Büros auf der gegenüberliegenden Straßenseite zu gelangen, hat man in luftiger Höhe einen **gläsernen „Skywalk"** angelegt. Der zuständige Architekt hat sich dabei eine kleine sportliche Einlage einfallen lassen, denn die Volksvertreter müssen auf dem Weg in ihre Fraktionsbüros eine schräge Rampe hinaufsteigen, wie man gut von der Straße aus einsehen kann.

MEISTUNTERSCHÄTZTER MONARCH DER WELT

„Ich verspreche heute allen Mitbürgern (...) in Anwesenheit der Vertreter der Institutionen dieses Landes, mein Bestes zu geben für die Heimat und die Gesamtheit der Bevölkerung." Das waren die Worte des frisch inthronisierten **Großherzogs Henri** am 7. Oktober 2000.

Luxemburg ist nicht nur Großherzogtum, sondern auch **Erbherzogtum.** Henri übernahm an diesem Tag den Thron von seinem Vater Jean und fest steht: *„seine Königliche Hoheit Erbgroßherzog Guillaume"*, der erstgeborene Sohn, wird die Nachfolge antreten. Einige interessante Details zur herzoglichen Familie:

❯ *Der Großherzog und die Großherzogin gehören mit einem geschätzten Vermögen von 4,3 Milliarden Euro Vermögen (Quelle: Forbes)*

zu den meistunterschätzten Monarchen der Welt. Die großherzogliche Familie hat demnach sogar ein noch größeres Vermögen als Queen Elisabeth II., Königin von England.

❯ *Sollte Luxemburg einmal in einen Krieg ziehen, wäre der Großherzog oberster Feldherr, denn er steht an der Spitze der Armee.*

❯ *Der Monarch Luxemburgs hat das Recht, von Richtern gesprochene Urteile und Strafen aufzuheben oder zu verringern.*

❯ *Der Großherzog regelt laut Verfassung sogar die Organisation der Regierung. Allerdings nur rein theoretisch, in der Praxis hat Henri Minister oder den Ministerpräsidenten (bislang) noch nicht eigenmächtig entlassen.*

❾ HÄMMELSMARSCH-BRUNNEN ★★ [E3]

Geht man in der Altstadt die Grand-Rue entlang, wird man am östlichen Ende, kurz vor der kreuzenden Straße Côte d'Eich, an einen kleinen Platz kommen, den die Luxemburger *Roude Pëtz* nennen. Der Name leitet sich vom rötlichen Buntsandstein eines alten Brunnenhauses ab, das einst hier stand. Heute befindet sich auf dem Platz der **Brunnen des luxemburgischen Malers und Bildhauers Wil Lofy**, der seit über 30 Jahren als Urgestein der Luxemburger Kunstszene gilt. Die sehr **eigenwilligen und heiteren Kreationen** dieses wundervollen Künstlers, der sein Atelier unten, direkt am Ufer der Alzette hat, findet man auch in einigen anderen

luxemburgischen Orten. Mit dem Hämmelsmarschbrunnen in der Fußgängerzone der Altstadt ist dem Luxemburger Urgewächs jedoch etwas ganz Besonderes gelungen.

Der **Hämmelsmarsch** (Marsch der Hammel) ist ein alter Luxemburger Brauch, bei dem die Musikanten verschiedener Orte zur Kirmeszeit mit einem Hammel über die Dörfer zogen und dabei die Melodie des Musikstücks „Hämmelsmarsch" von Michel Lentz anstimmten. Heute wird dieser Brauch vor allem zur Zeit der Schueberfouer, der Schobermesse, praktiziert (s. S. 12).

Besonders schön war und ist der Marsch der Hammel für die Kinder, die im bekannten Volkslied vor Freude zu hüpfen und zu tanzen beginnen und alles andere vor lauter Glück vergessen. „An d'Kanner loossen hire Kaffi ston, fir deene schéinen Hämmel nozegon …" – „Und die Kinder lassen den Kaffee stehen, um den schönen Hammeln nachzugehen." Auch die Hammel des Brunnens in der Grand-Rue machen die Kinder glücklich, wie man am Gesichtsausdruck der Figuren unter dem Regenschirm sehen kann.

Doch die **Brunnenszenerie mit dem lustigen Posaunisten** und der fröhlichen Schar der Preishammel, die als Hauptgewinn auf dem Jahrmarkt zu gewinnen waren, täuscht nicht darüber hinweg, dass es der Künstler Wil Lofy mit seinen Zeitgenossen nicht immer leicht hatte. So soll der 1937 geborene Künstler vor Wut auf seine Kritiker am Hämmelsmarschbrunnen die Fingerstellung der Musikanten noch nachträglich dezent verändert haben. Doch man sei gewarnt: Das Suchen nach dem künstlerischen Stinkefinger erweist sich als raffiniertes Suchspiel.

036lu Abb.: jr

⑩ PLACE D'ARMES ★ ★ ★ [D3]

Der zentrale Platz im Herzen der Altstadt trägt so viele Namen, wie es Sprachen in Luxemburg gibt. Die Deutschen nennen ihn **Paradeplatz**, da die französischen Truppen Ludwigs XIV. hier einst ihre Appelle und Paraden abhielten. Die Franzosen nennen ihn aus gleichen Gründen **Place d'Armes**. Die Luxemburger hingegen nennen ihn **D'Pléss d'Arem** oder nur kurz und knapp **Pléss**.

Im Gegensatz zum angrenzenden Platz, dem weiträumigeren Knuedler, auch Place Guillaume II. ⑰ genannt, vermittelt der zur warmen Jahreszeit mit den Terrassenstühlen der Cafés überflutete Place d'Armes ein **südländisches Flair**. Nicht selten verirren sich Straßenkünstler hierher, in erster Linie die Maler, um mit ein paar Pinselstrichen die Besucher unter der pittoresken weiß-blauen Markise des Café Français festzuhalten.

An der östlichen Seite des Platzes steht das mächtige **Cercle Municipal**, das Stadtpalais, das bis vor einigen Jahren ein Touristen-Informationszentrum beherbergte. Trotz seiner wuchtigen Präsenz dominiert das Gebäude den Platz nicht, sondern fügt sich zwischen den zahlreichen Lindenbäumen in ein recht harmonisches, entspanntes Gesamtbild. Die **Lindenbäume** wurden übrigens auch von den Truppen Ludwigs XIV. gepflanzt, damit die Soldaten hier ihre Appelle im Schatten abhalten konnten. (Die Kaserne, die hier früher stand, vermisst hingegen sicherlich niemand mehr.)

◀ *Ein Fest für die Augen: der Hämmelsmarschbrunnen von Wil Lofy*

Zur warmen Jahreszeit verwandelt sich der Place d'Armes in ein kulinarisches Gesamtkunstwerk. Es ist ein Platz zum Sehen und Gesehenwerden, ein **einziges riesiges Straßencafé** mit gelegentlicher Livemusik. Die kommt aus einem **Musikpavillon**, den man an der westlichen Seite des Platzes vis-à-vis vom Stadtpalais finden kann. Zur Festivalzeit im Sommer finden auf dem Place d'Armes viele kostenlose Feste statt. Vom Open-Air-Konzert über Straßenanimationen bis hin zum vielleicht verrücktesten Treiben, der Luxemburger Schwulenparade Gaymat. Im Winter dient der Pless als sehenswerte Kulisse für den Luxemburger Weihnachtsmarkt (s. S. 13).

⓫ STADTPALAIS ⋆ [D3]

Am östlichen Ende des Place d'Armes steht das Stadtpalais von Luxemburg, das auch als „Cercle Municipal" bezeichnet wird. Das heutige Verwaltungsgebäude war von 1953 bis 1969 **Sitzungsort der Europäischen Gemeinschaft für Kohle und Stahl.** An der Außenfassade ist über den drei Rundbogenfenstern und unter der Turmuhr ein **15 Meter langer Fries** zu sehen. Geschaffen hat es der luxemburgische Bildhauer Pierre Federspiel. Der Fries trägt den Namen „Ermesinde überreicht den Freiheitsbrief" und zeigt die luxemburgische Gräfin Ermesinde, die 1244 einen Brief mit Freiheitsrechten an die Bürger der Stadt überreicht.

⓬ DICKS-LENTZ-MONUMENT ⋆ [D3]

Westlich vom Place d'Armes liegt ein kleiner Platz, der nach dem tschechischen Bürgerrechtler Jan Pallach benannt wurde, welcher sich im Prager Frühling 1968 aus Protest gegen die sowjetischen Invasoren selbst verbrannte. Hier hat man den beiden **Nationaldichtern Edmond de la Fontaine,** vom Volksmund „Dicks" genannt, und **Michel Lentz** ein Monument errichtet. Das Geburtshaus des Dichters de la Fontaine ist übrigens unweit von hier am Knuedler, dem Place Guillaume II. **⓱**, als großes, hellrotes Eckhaus zu sehen. Die beiden Poeten sind die Verfasser des Textes der luxemburgischen Nationalhymne.

Auf dem Dichterdenkmal thront ein Löwe, das Wappentier Luxemburgs, und in die Säule ist der **Wahlspruch der Luxemburger** eingemeißelt: „Mir wëlle bleiwen, wat mir sin" („Wir wollen bleiben, was wir sind").

⓭ LA GRANDE TEMPÉRANCE ⋆ ⋆ [D3]

Direkt vor dem Hauptpostamt in der Altstadt findet sich eine **beeindruckende Plastik** der Künstlerin **Niki de Saint Phalle.** Die in Frankreich geborene Autodidaktin ist in zahlreichen Ländern vor allem durch ihre bunten, sehr weiblichen Nana-Figuren berühmt geworden. Die in Luxemburg auf dem Place Émile Hamilius zu sehende Figur wurde 1995 gemeinsam mit zehn weiteren Plastiken der Künstlerin anlässlich des Kulturhauptstadtjahrs 2007 aufgestellt. Nach Ablauf des Kulturjahres wurde „La grande Tempérance" von der Stadt, der Banque Générale de Luxembourg und der Post käuflich erworben.

Die hier zu sehende, von Antonio Gaudis Park Güell inspirierte Nana-Figur erinnert mit ihren sehr ausladenden Hüften an prähistorische Fruchtbarkeitsgöttinnen. Ironischerweise ist die Figur in einen bunten Badeanzug

DIE PLASTIK MIT DEN FRECHEN FORMEN

037lu Abb.: jr

Als Luxemburg 1995 zum ersten Mal Kulturhauptstadt Europas wurde, lud man die französisch-amerikanische Künstlerin Niki de Saint Phalle ein, überall in der Stadt Skulpturen aufzustellen. In der Avenue de la Porte-Neuve stand ihr Werk Nummer 3 namens „Clarice again". Wie alle aus gefärbtem Polyester hergestellten Figuren der Bildhauerin war auch Clarice mit großen, bunt bemalten Brüsten und einer breiten, ebenso bunten Hüfte ausgestattet.

Nun fand aber zur gleichen Zeit wie diese Inszenierungen der Kunst in Luxemburg auch die Schlussprozession zur sogenannten „Oktave" statt, eine kirchliche Feier, zu der die Gläubigen im Schritttempo an besagter Plastik vorbeizogen – an einer die Fruchtbarkeit repräsentierenden Frauengestalt mit farbenprächtigen Brüsten, üppig dekorierten Hinterbacken und, zu allem katholischen Überdruss, einer Blume als Sexus.

Als sich die Pilgerprozession sonntagmorgens um 11 Uhr durch die Neipuertsgaass schlich, hatten, angesichts der zu erwartenden frechen Formen der Plastik, bereits viele Gläubige andächtig ihr Haupt gesenkt. Doch zur Überraschung aller war das Kunstwerk verhüllt. Es war allerdings nicht Christo, der Verhüllungskünstler, der hier am Werk war, sondern die katholische Kirche. Heute kann man vonseiten der Stadt wie auch vonseiten der Kirche über diese verschämte Prüderie nur noch herzhaft lachen.

◀ *Farbenpracht und dralle Formen zeichnen das Werk der Künstlerin Niki de Saint Phalle aus*

gehüllt. Der Titel „La grande Tempérance" bezieht sich auf eine Tarotkarte gleichen Namens. Identische Figuren sind auch im Tarot-Garten im süditalienischen Capalbio und in San Diego, Kalifornien, zu sehen.

❯ Place Émile Hamilius in der Rue Aldringen

⑭ CASINO LUXEMBOURG ★★ **[D4]**

Die Bediensteten des historischen Gebäudes am Boulevard Royal können eine Frage, die von Besuchern immer wieder gestellt wird, längst nicht mehr hören. Angelockt durch die bunte Leuchtschrift und die Hinweise am Straßenrand werden sie tagaus tagein gefragt, ob dies ein Casino sei. Nein, lautet dann die Antwort, dies hier sei kein Spielcasino. „Non, ceci n'est pas un casino", sagt auch der Direktor des Hauses, Jo Kox. Auch wenn der Bau ganz offiziell „Casino Luxembourg" heißt, hinter seiner historischen Fassade verbirgt sich das **Forum für zeitgenössische Kunst.**

Das Gebäude, in dem sich die heutigen Kunsthallen befinden, begann seine Karriere als „Casino bourgeois" im Jahre 1882. Innerhalb kurzer Zeit wurde das von den Luxemburgern nur kurz „Casino" genannte Haus zum gesellschaftlichen Mittelpunkt der Stadt, war jedoch zu keinem Zeitpunkt ein Spielcasino. Mitte des 20. Jahrhunderts wurde das Gebäude schließlich vom Staat gekauft und diente über Jahrzehnte quasi als Schaufenster für europäische Kultur. Ende 1990 endete dieser Auftritt als „Foyer européen". Das Casino Luxemburg organisiert zudem Wanderausstellungen über aktuelle Kunstrichtungen, Konferenzen und Begegnungen mit zeitgenössischer Musik.

❯ Rue Notre-Dame 41, Tel. 225045, Erwachsene 4 €, freier Eintritt: Do 18–20 Uhr, Mo, Mi 11–19, Do 11–20, Sa, So 11–18 Uhr

⓯ GËLLE FRA ★★ [D4]

Eigentlich heißt das schlanke, hohe Denkmal auf dem Place de la Constitution ja **„Monument du Souvenir"**, doch die Luxemburger nennen es nach der goldenen Figur darauf nur „Gëlle Fra" („Goldene Frau"). Die nur

038lu Abb.: jr

spärlich mit einem durchsichtigen Tuch bedeckte Skulptur wurde vom Luxemburger Bildhauer **Claus Cito** geschaffen und sollte ursprünglich den Namen „Siegeskönigin" tragen.

Seit ihrer öffentlichen Enthüllung im Jahr 1923 hat die Goldene Frau vor allem in der katholischen Kirche immer wieder für lebhafte Debatten gesorgt. Die Figur steht auf einem 21 Meter hohen Steinobelisk und hält mit ausgestreckten, erhobenen Armen einen Lorbeerkranz über zwei Figuren, die man am würfelförmigen Sockel des Monuments sehen kann. Ursprünglich symbolisierte die Figur mit Siegerkranz das Gedenken an die 2500 Luxemburger, die im Ersten Weltkrieg als freiwillige Kämpfer der französischen und belgischen Armeen gefallen waren. Heute steht die Gëlle Fra **für Frieden, den Sieg und die Nation.**

Im Oktober 1940 befahlen die deutschen Nationalsozialisten, die sechs Monate zuvor Luxemburg überfallen hatten, das spärlich bedeckte „weibliche Schandmal" abzureißen. Nach dem Krieg blieb das Denkmal lange Zeit verschwunden und entfachte eine lebhafte öffentliche Debatte darüber, ob eine neue, diesmal nicht ganz so spärlich gekleidete Figur aufgestellt werden sollte. Die Tatsache, dass das Monument der Goldenen Frau von den Nazis geschleift wurde und danach spurlos verschwand, machte sie in den Augen der Luxemburger nur umso kostbarer. Längst war sie zu einem **nationalen Symbol gegen die Diktatur und für den Frieden** geworden. 1981 schrieb der luxemburgische Autor Josy Braun kurz vor dem Nationalfeiertag am 23. Juni einen Artikel im angesehenen Luxemburger Tageblatt. Darin verriet er seinen Landsleuten, dass die Gëlle Fra

unter den Sitzreihen des städtischen Fußballstadions versteckt sei.

Die restaurierte Skulptur wurde 1985 wieder aufgestellt und eingeweiht, immer noch in strahlendem Gold und immer noch in spärlicher Bekleidung. Und auch heute steht sie noch hier, direkt am Place de la Constitution, wenn sie nicht gerade wieder einmal verschwunden ist … (Z. B. war die Gëlle Fra 2010 auf einer längeren Reise zur Weltausstellung in Shanghai unterwegs.)

🔟 BASTION BECK ⭐ [D4]

Dort, wo man heute vom **Place de la Constitution** aus einen Blick ins Tal der Pétrusse, auf die Adolphe-Brücke und den Viadukt ㉒ genießen kann, stand einst ein Fort. Diese nach dem damaligen Gouverneur des Herzogtums Luxemburg, **Baron Johann von Beck,** benannte Bastion wurde während der ersten spanischen Herrschaft durch Isaac von Traybach hier erbaut. Es war dann wie so häufig der Festungsbauer Vauban, der die Mauern der Bastion Beck entlang des Pétrusse-Tals auf ihre heutige Höhe ausbaute. Obwohl die Bastion 1860 teilweise abgetragen wurde, kann man auch heute noch, auf jenem besagten Konstitutionsplatz, von Festungsmauern aus ins tiefe Tal hinunterschauen.

◄ *Ein Symbol des Friedens und des nationalen Zusammenhalts: die Gëlle Fra*

⑰ PLACE GUILLAUME II. (KNUEDLER) ★★ [D3]

Der große zentrale Platz der Hauptstadt wird auch „**Knuedler**" genannt. Dieser luxemburgische Begriff bezieht sich auf den Gürtelknoten *(Knued)* der Franziskanermönche, die hier um 1250 eine Kirche und ein Kloster gegründet hatten. Im Verlauf der Französischen Revolution wurde dieses Kloster geschlossen, 1804 übertrug Napoleon Bonaparte das riesige freie Areal an die Stadt mit der Auflage, das Kloster abzutragen. Zwischen 1830 und 1838 entstand an seiner Stelle nach Plänen des Architekten Justin Remont das **neoklassizistische Rathaus** der Stadt in seiner heutigen Form. Die beiden Ehrfurcht

▼ *Kaiser Wilhelm II. genießt hoch zu Ross einen wunderbaren Blick auf den Knuedler*

KLEINE PAUSE

Edle Snacks in der Passage

In der nahe gelegenen Passage zwischen den beiden großen Plätzen liegen sich zwei kleine, aber feine kulinarische Orte gleich gegenüber. Im Delikatessladen **Kaempff-Kohler** sucht man sich ein warmes Gericht aus (empfehlenswert die Rieslingspasteten), in der Pâtisserie gleich gegenüber gibt es dann die passende Nachspeise dazu (z. B. Mandelgebäck mit Marzipan und Schokolade).
☎114 [D3] **Kaempff-Kohler**, Place Guillaume II. 18

gebietenden gewaltigen Bronzelöwen, die den Haupteingang flankieren, wurden 1931 vom luxemburgischen Bildhauer und Maler Auguste Trémont geschaffen. Neben dem Rathaus steht ein **Gedenkstein für den Nationaldichter Michel Rodange** und sein Hauptwerk „De Rénert".

O39lu Abb.: jr

Beherrscht und überragt wird der Knuedler vom über zehn Meter hohen **Reitermonument** des niederländischen Kaisers Wilhelm II. (1792–1849), nach dem der Platz auch benannt wurde: Wilhelmsplatz oder auf Französisch Place Guillaume II.

Der Volksmund bsagt, Wilhelm II. würde auf seinem Pferd deshalb verschämt nach Osten blicken, weil seinen niederländischen Landsleuten in Den Haag kein entsprechend sehenswertes Denkmal seiner Person gelingen wollte. Nach mehreren Fehlschlägen stellte man nämlich in der holländischen Hauptstadt 1924 einfach nur eine exakte Kopie der luxemburgischen Statue auf.

Jeden Samstag lockt auf dem Platz der größte **Wochenmarkt** des Landes und während der österlichen Muttergottesoktav, der Wallfahrt zum Gnadenbild der Muttergottes in der Kathedrale, findet auf dem Place Guillaume II. der **Oktavmarkt** statt (s. S. 11).

Seit 1991 dient der zentrale Platz alljährlich im Juli auch als Veranstaltungsort des sogenannten **Rock um Knuedler**, des größten Open-Air-Musikfestivals Luxemburgs.

⓲ KATHEDRALE NOTRE-DAME ★ ★ ★ [E4]

„Die Kathedrale von Luxemburg ist ein Symbol für den Zusammenhalt des Landes", schrieb einst der Bildhauer Auguste Rodin. Neben dem alten Rathaus (dem heutigen Großherzoglichen Palais) zählt die Kathedrale der Jesuiten heute zu den wichtigsten historischen Gebäuden Luxemburgs aus dem 16. und 17. Jahrhundert.

Die Unabhängigkeit Luxemburgs wurde 1867 teuer erkauft. Die meisten Klöster und Kirchen waren im

▼ *Krone der Altstadt: die Kathedrale Notre-Dame*

O40lu Abb.: jr

MARIENVEREHRUNG, VOLKSFEST UND PILGERMARKT

Jedes Jahr zur Muttergotteswallfahrt findet seit dem 17. Jahrhundert auf dem zentralen Platz, dem Knuedler ⓱, auch ein Pilgermarkt statt. Dieser von den Luxemburgern „Oktavmäertchen" genannte Markt entstand ursprünglich aus einem Devotionalienmarkt. Denn im Anschluss an die Wallfahrt war es üblich, sich mit anderen Pilgern auszutauschen, das eine oder andere Bier zu trinken und Andenken, also Heiligenbilder, Medaillen oder Statuen zu erwerben und auszutauschen. Aus dem anfänglichen Devotionalienmarkt, der ab 1625 auf dem Glacis-Gelände [C1/2] und ab 1639 in der Nähe der heutigen Kathedrale ⓲ stattfand, entwickelte sich im Lauf der Zeit ein religiös geprägter Jahrmarkt, der seit 1833 zu einer festen luxemburgischen Institution geworden ist. Die Grenzen zwischen Volksfest und Pilgermarkt sind auf dem „Oktavmäertchen" fließend. Obwohl heutzutage das Vergnügen im Mittelpunkt steht, kann man an den über 80 Verkaufsständen auf dem prall gefüllten Place Gulliaume II. auch heute noch Marienbilder, Statuen und Medaillen mit religiösen Motiven erwerben.

Verlauf der Französischen Revolution geschliffen worden, die Festungsmauern ebenso. Das „Gibraltar des Nordens" wurde gezähmt. So fehlte es der Stadt an markanten Bauten.

Zwischen den beiden Weltkriegen wurde deshalb nach Plänen des späteren Bischofs Léon Lommel beschlossen, die in den Jahren 1613 bis 1621 erbaute **Jesuitenkirche** auszubauen. Die kleine, unauffällige Kirche „St. Nikolaus und St. Theresia" erhielt zwei Türme, einen kleinen Mittelturm sowie einen erweiterten Chorraum und wurde so zum heutigen Wahrzeichen der Stadt Luxemburg.

Die Umrisse des markanten Gotteshauses bestimmen heute die Silhouette der Stadt. Die **„Krone der Altstadt"**, wie die Kathedrale Notre-Dame auch genannt wird, erhielt 1870 von Papst Pius IX. den Namen „Kathedrale unserer lieben Frau von Luxemburg". Denn seit 1750 befindet sich die **Marienstatue „Trösterin der Betrübten"**, die sogenannte *Consolatrix*, in diesem Sakralbau. Einmal im Jahr, in der Osterzeit, wird die Kathedrale zu einer **Wallfahrtsstätte** und zu einer wichtigen Kultstätte der Marienverehrung im europäischen Raum.

Das Innere der Kathedrale ist im Stil der **spätholländischen Renaissance** gestaltet. Die mit einem dorischen Kapitell verzierten zehn Säulen des Hauptschiffes wurden 1617 vom Baumeister Ulrich Job geschaffen. Die meisten der Skulpturen im Innern der Kathedrale bestehen aus Alabaster. Bemerkenswert sind die komplex ausgearbeiteten **Glasfenster** des Chores und des Querschiffes. Sie stammen von Louis Barillet. Ein Glanzstück des spätgotischen Kirchenschiffs ist die reich verzierte Empore mit überbordendem Rennaissancedekor.

Über eine breite Treppe, die von zwei Bronzelöwen, dem Wappentier der Dynastie, flankiert wird, gelangt man in die mit außergewöhnlich mächtigen Wänden versehene und sehr tief liegende **Krypta**. Sie beherbergt neben dem Grabmal

Johanns des Blinden und der Gruft der luxemburgischen Bischöfe auch die der großherzoglichen Familie. Im schummrigen Licht der Krypta erkennt man eine „Grablegung", eine Arbeit des Glasmalers Anton Wendling aus dem 17. Jahrhundert.

Sehr eindrucksvoll sind die rätselhaften, asiatisch anmutenden **Figuren auf den Säulen** am westlichen Ausgang der Kathedrale. Diese eher an indische Statuen erinnernden Darstellungen sollen auf die Jesuiten zurückgehen, die die Kunst des Gotteshauses bereits sehr früh geprägt haben.

Am Karfreitag 1985 griffen bei Schweißarbeiten Flammen auf den Westturm über und setzten ihn in Brand. Fünf Glocken und der Turm wurden dabei völlig zerstört. Die Instandsetzungsarbeiten haben seinerzeit zweieinhalb Jahre gedauert.

❯ Rue Notre-Dame, Ostern–1.11. Mo–Fr 10–17 Uhr, Sa 8–18 Uhr, So 10–18 Uhr, 2.11.–Ostern Mo–Fr 10–11.30 und 14–17 Uhr, Sa 8–18 Uhr, So 10–17 Uhr

⓲ PLACE CLAIREFONTAINE ★ [E4]

Zwischen der Kathedrale und dem Großherzoglichen Palast liegt der Clairefontaine-Platz. Der Name bezieht sich auf das gleichnamige Kloster und Refugium. In der Mitte des Platzes findet sich ein **Denkmal der früheren luxemburgischen Großherzogin Charlotte**. Die vom französischen Bildhauer Jean Cardot entworfene und 1990 auf dem Clairefontaine-Platz aufgestellte Statue wird von den Luxemburgern manchmal auch „Heeschefraa", also „**Betteldame**" genannt, weil der rechte Arm der in einen weiten Mantel gehüllten Figur mit der Handfläche nach oben

deutet. Diese als Gruß gedachte Geste kann nämlich leicht als bettelnde Hand gedeutet werden. Die Bezeichnung „Betteldame" für die Großherzogin Charlotte ist jedoch liebevoll gemeint, da die 1985 im Alter von 89 Jahren verstorbene Regentin außerordentlich beliebt war.

Auf dem Place Clairefontaine steht das von verzierten Eisengittern geschützte Gebäude des **ehemaligen St. Maximinerrefugiums.** Oben am Eingangstor, durch das man zu einem großen Hof gelangt, ist das luxemburgische Wappen zu sehen, der rote Löwe auf blauem Grund, und macht unmissverständlich klar, dass es sich hier um ein offizielles Gebäude handelt. Es ist das luxemburgische **Außenministerium.** Von innen lässt es sich zwar nicht besichtigen, doch Wachen wie beim Großherzoglichen Palast ❽ um die Ecke gibt es hier nicht. Man sollte sich also von den Eisengittern nicht abschrecken lassen, ein Besichtigungsgang über den Vorplatz ist durchaus möglich.

⓴ HEILIGGEIST-ZITADELLE ★ ★ [E4]

Das Heiliggeist-Plateau erreicht man über Treppen oder auch über einen Aufzug (s. S. 59) von der Unterstadt aus. 1234 wurde hier das **Kloster Heiliggeist** gegründet, das durch den Bau der dritten Ringmauer im 14. Jahrhundert samt Plateau in den befestigten Teil der Stadt eingegliedert wurde. Die Klostermauern wurden im 16. Jahrhundert, während der ersten spanischen Fremdherrschaft, festungsmäßig weiter verstärkt und zum ersten Mal auch militärisch genutzt.

Der französische **Festungsbaumeister Vauban** baute das massive Kloster dann von 1685 bis 1687 noch weiter aus, bis schließlich von einem Kloster nicht mehr die Rede sein konnte. Seit 1687 wird es offiziell als Heiliggeist-Zitadelle in den Annalen der Stadt geführt. Die heutige Form des Heiliggeist-Felsens geht auf diese Zeit zurück, in der sich die Ausläufer der ehemaligen Klostermauern längst in Wälle, Bollwerke und Bastionen verwandelt hatten. In unmittelbarer Nähe der Heiliggeist-Zitadelle ist im Sommer 2010 auf dem Heiliggeist-Plateau die „Cité judiciaire", der Hauptsitz der luxemburgischen Justizbehörden, fertiggestellt worden.

🔴21 DREIFALTIGKEITS-KIRCHE ★★ [E4]

In der Rue de la Congrégation steht, zwischen Häusern eingeklemmt, die Dreifaltigkeitskirche, die seltener auch **Kongregationskirche** genannt wird. Ihre christliche Karriere begann das Gotteshaus 1333 als Kapelle. 1594 verschenkten die Besitzer sie an den Dominikanerorden mit der Auflage, an der exponierten Stelle gleich hinter der Festungsmauer ein **Kloster** zu errichten. Doch in der frühen Neuzeit herrschte eine große Klosterkonkurrenz in Luxemburg. In unmittelbarer Nähe gab es bereits ein Kloster der Jesuiten und so hielt sich der Zulauf der Gläubigen in Grenzen. Aus diesem Grund verkauften die Dominikaner ihr Kloster an eine Mädchenschule, die ausschließlich für den Ordensnachwuchs und den Adel gedacht war.

1683/1684 wurde die Klosterkirche durch Truppen Ludwigs XIV. zerstört und erst ein halbes Jahrhundert später wieder aufgebaut. Während der Französischen Revolution fanden in den Kirchenräumen Theateraufführungen statt. 1817 wurde sie dem protestantischen Teil der preußischen Garnison übergeben. Erst 1890 kam sie endgültig in luxemburgischen Besitz.

Aus dieser Zeit stammen sowohl die **Kanzel**, die links vom Altar, als auch die **Fürstenloge**, die rechts vom Altar zu sehen ist. Auf der Kanzel sieht man Abbildungen der vier Evangelisten und darunter die von vier Propheten des Alten Testaments. Die Motive in den **Kirchenfenstern** zeigen im mittleren Fenster den auferstandenen Jesus, links den Apostel Petrus (mit Schlüsseln in der Hand), darunter das Wappen von Großherzog Adolph. Im rechten Fenster sind der Evangelist Johannes und das Wappen der Großherzogin Adelheid-Marie abgebildet. Das reich verzierte **Barockportal** zählt sicherlich zu den schönsten der Stadt Luxemburg.

❯ Rue de la Congrégation 5, Tel. 2296701, tgl. geöffnet, Gottesdienste jeden So um 10 Uhr, Eintritt frei

RUND UM DIE OBERSTADT

Um das Centre, also die zentral gelegene obere Altstadt, zieht sich westlich ein Ring von Stadtteilen, die teilweise an den Grüngürtel der Stadtparks angebunden sind. Von Norden nach Süden sind das die Stadtteile **Limpertsberg**, **Rollingergrund**, **Belair**, **Merl**, **Gare** (rund um den Hauptbahnhof 🔴26), **Hollerich** und im Südosten **Bonneweg/Bonnevoie**. Viele der nachfolgend beschriebenen Sehenswürdigkeiten finden sich entlang der Achse, die sich in nord-südlicher Richtung über zwei Kilometer von der **Pont Adolphe** bis zum Bahnhof zieht. Ein Höhepunkt auf dieser Strecke ist

O41lu Abb.: jr

das markante Gebäude der Sparkasse, das von vielen Besuchern für die Burg von Luxemburg gehalten wird. Hier den Besuch des Bankenmuseums nicht vergessen! Entlang dem Park gibt es nicht nur Kunstgalerien zu sehen, wie z. B. die Villa Vauban, sondern man findet auch hier interessante Relikte aus der Festungszeit, z. B. das Reduit Lambert an der Avenue Monterey.

22 PASSERELLE ★ ★ [E5]

Die Passerelle ist eine **wunderschöne Viaduktbrücke** über das Pétrusse-Tal, die das Bahnhofsviertel mit der Altstadt verbindet. Auf Luxemburgisch heißt sie einfach nur „Al Bréck" („Alte Brücke").

Der Begriff *Passerelle* bezeichnet im Französischen eine enge Fußgängerbrücke. Da der Viadukt aber eine Länge von 308,40 Metern hat und von **26 mächtigen Bögen** getragen wird, die jeweils eine Spannbreite von 8 bis 15 Metern aufweisen, fragt man sich natürlich, wie diese kolossale Brücke zu dem niedlichen Namen kommt. Die Lösung ist einfach: Während der Bauzeit des Viadukts zwischen 1859 und 1861 errichteten die Konstrukteure der englischen Firma Waring Brothers gleich eine behelfsmäßige schmale Holzbrücke für die Fußgänger über die Schlucht mit. Als diese dann nach der Fertigstellung des steinernen Kolosses wieder abgerissen wurde, behielten die Luxemburger den hübschen Namen Passarelle einfach bei.

Seither also schwingt sich das „Fußgängerbrückchen" in 45 Metern Höhe prachtvoll über die Pétrusse. Den Namen „Al Bréck" bekam die Passerelle übrigens erst um 1900, als man eine „Nei Bréck" („Neue Brücke") baute, die offiziell übrigens Pont Adolphe [D4] heißt.

▲ *So schön kann etwas sein, das der Luxemburger schlicht „Alte Brücke" nennt: die Passerelle*

㉓ STAATSBANK UND STAATSSPARKASSE ★ ★ ★ [D4]

Am Place de Metz, unmittelbar an der Adolphe-Brücke, dominiert ein **schlossähnlicher Bau mit imposantem Turm** das Stadtbild. Sicherlich zählt das Gebäude der luxemburgischen Staatsbank und Staatssparkasse zu den größten Sehenswürdigkeiten der Stadt. Und da das Gebäude auch eines der Lieblingsmotive der Postkartenhersteller ist, darf es nicht verwundern, dass der repräsentative Bau von vielen, vor allem asiatischen und amerikanischen Touristen, in der Annahme umlagert wird, es handele sich hier um das Großherzogliche Schloss.

1952 tagte in den historischen Räumen im Innern die Hohe Behörde der Europäischen Gemeinschaft

042lu Abb.: Jr

für Kohle und Stahl, der **Vorläuferin der EU.** Heute ist das schlossähnliche Gebäude als Hauptsitz der staatlichen Bank und der Sparkasse, der Banque et Caisse d'Épargne de l'État (BCEE), **eines der schönsten Beispiele französisch inspirierter Architektur** in der Stadt.

In der Tat gibt es außen nirgendwo einen deutlich erkennbaren Hinweis darauf, dass das Gebäude und vor allem der Turm *nicht* besichtigt werden kann. Allein im Ostflügel ist in der ehemaligen Schalterhalle der Bank ein sehr sehenswertes **Bankenmuseum (Musée de la Banque)** untergebracht. Auf gut 650 m² Ausstellungsfläche wird dem Besucher die Geschichte des Geldes und der luxemburgischen Banken nähergebracht. Wer glaubt, dies sei eine langweilige Angelegenheit, wird sicherlich seine Meinung ändern, wenn er den Film mit den schönsten Bankeinbrüchen der Welt gesehen hat. Aufgefahren wird in der Schmonzette so ziemlich alles, von Lucky Luke bis Louis de Funès.

❯ Place de Metz 1, Tel. 40152075, Mo–Fr 9–17.30 Uhr, Eintritt frei, Bushaltestelle „Martyrs"

㉔ GALERIE AM TUNNEL ★ ★ [D4]

Den Eingang zur „Galerie am Tunnel" kann man leicht übersehen, denn diese einzigartige, über 350 Meter lange, aber nur drei Meter breite Kunstgalerie befindet sich unter der Erde. Wer hier Kunst sehen möchte, muss in die Eingeweide der Stadt abtauchen.

Ursprünglich beabsichtigte die drittgrößte Bank des Landes Luxemburg, die BCEE, einen unterirdischen **Verbindungstunnel** zwischen vier verschiedenen Bankgebäuden auf dem Plateau Bourbon zu graben. Doch schon im Laufe der Grabungsarbeiten wurde die Idee geboren, den Tunnel in eine Kunstgalerie zu verwandeln. Seit 1995 werden nun in der „Galerie im Tunnel" (luxemburgisch: *am Tunnel*) **zeitgenössische Ausstellungen und Retrospektiven international bekannter Künstler** präsentiert.

Herzstück der Tunnelgalerie ist die Dauerausstellung des luxemburgischen Fotografen **Edward Steichen**, der weltweit durch seine Ausstellung „The Family of Man" bekannt wurde.

❯ BCEE Bâtiment Rousegaertchen, Rue Zithe 16, Mo–Fr 9–17 Uhr, So 14–18 Uhr, Eintritt frei

㉕ ARCELORMITTAL-GEBÄUDE ★★ [D5]

Gleich gegenüber dem „Rousegäertchen", an der Avenue de la Liberté, erhebt sich ein imposantes Gebäude, das Besucher der Stadt häufig fälschlicherweise für den Großherzoglichen Palast halten. Doch dem ist nicht so. Zwar spielt das hier zu sehende repräsentative ARBED-Gebäude eine wichtige Rolle in der luxemburgischen Wirtschaftsgeschichte, die Monarchenfamilie jedoch ist hier relativ selten zu sehen.

Der palastartige Bau wurde **in der Tradition französischer Schlösser** des 17. und 18. Jahrhunderts errichtet und ist heute noch Geschäftssitz des luxemburgischen, weltweit tätigen **Stahlproduzenten ARBED** (Aciéries Réunies de Burbach-Eich-Dudelange) und Zentrale des Konzerns. Der aufwendige Louis-XIV.-Stil, in dem das Gebäude 1920 bis 1922 errichtet wurde, repräsentiert den Stellenwert, den die **Stahlindustrie** Luxemburgs hatte, und auch die Position, die der Industriekonzern ARBED zu der damaligen Zeit auf dem Weltmarkt besaß. Das einflussreiche Stahlunternehmen, das 2002 mit einem spanischen und einem französischen Konkurrenten zum Unternehmen **Arcelor** fusionierte, ist 2006 in die Hände des indischen Konzernchefs **Lakshmi Mittal** übergegangen.

Das prächtige Gebäude ist ein vierflügliger Komplex mit einem großen Innenhof. Der Palastcharakter wird vor allem durch die hohen Rundbogenfenster, die Eckpavillons sowie das zweistöckige Dach mit seinen Mansardenfenstern und den hohen, verzierten Kaminen betont. Das Baumaterial der Fassade wurde ausschließlich aus französischen Steinbrüchen entnommen, um einen weiteren Bezug zu französischen Schlössern herzustellen. Die Ornamentik an der Fassade verwendet vor allem **Symbole der Bergleute und Eisenschmelzer.** Unter anderem kann man dort einen Blasebalg, eine Schaufel und Grubenlampen entdecken.

Angeblich gibt es im Kellergeschoss dieses herrschaftlichen Verwaltungsgebäudes noch eine Kegelbahn und eine kleine Autowerkstatt aus Gründerzeiten, ein holzgetäfeltes Casino, mit ziemlicher Sicherheit auch einen Fitnessraum für die heutigen Mitarbeiter. Überprüfen allerdings lässt sich das nur sehr schwer, die Innenräume sind für die Öffentlichkeit nicht zugänglich.

❯ Avenue de la Liberté

◀ *Nein, dies ist nicht das Schloss des Großherzogs, sondern die Staatsbank. Darin sehr sehenswert: das Bankenmuseum.*

■ DER JAKOBSWEG AN DER ALZETTE

*Obwohl **Georges Hausemer** als Luxemburger Schriftsteller mittlerweile über 17 Bücher geschrieben hat, die sich hauptsächlich mit Luxemburg und dem Reisen beschäftigen, hat er sich mit der literarischen Darstellung der Hauptstadt lange Zeit zurückgehalten. „Die Stadt ist mir zu vertraut, sie ist mir ‚archiconnu‘, wie man hier im Ländchen sagt. Dort, wo die Touristen verzückt ihre Kamera zücken, also am Knuedler, am Place d'Armes oder der Corniche, da ergeben sich für mich keine Spannungsbilder mehr. Das ist mir einfach zu vertraut."*

Georges Hausemer, der sich in seinem Buch „Mit dem Großherzog am Mittagstisch" mit der Stadt Luxemburg auseinandersetzt, ist ein Instinktschreiber. Einer, der sich gerne treiben lässt, um Neues zu entdecken. Für einen, der die Stadt Luxemburg wie seine Westentasche kennt, ist es jedoch nicht leicht, sich einfach treiben zu lassen. Wie sollte ein Neuling sich die Stadt erschließen, hat er einen Geheimtipp?

„Also Luxemburg kann man sich noch immer sehr gut kulinarisch erriechen. Das geht im Bahnhofsviertel los, wo es morgens verführerisch aus den Cafés und Bistros nach frisch gemahlenen Kaffeebohnen und warmem Brot riecht. Weiter geht es dann, immer der Nase nach, zum Place de Paris, wo der

raue Charme des Bahnhofsviertels den ersten Ausläufern großstädtischer Vornehmheit begegnet."

Am Rande des Glacis-Platzes stärken wir uns im Traditionslokal „Westeschgaart" (s. S. 32). Hier, so Hausemer, könne man noch all jenen Einheimischen begegnen, die man sonst als Tourist nur selten zu sehen bekommt. „Die eleganten Vertreter der Bankenwelt, der Welt des Modern Urban Living, meiden diese Plätze, denn hier isst man zu kalorienreich."

Dann schlendern wir die Stufen in die Unterstadt hinunter, jener Stadtteil, der Hausemer am liebsten ist. Hier erweist sich Hausemer als begeisterter Luxemburg-Flaneur. „Das hier unten ist eine wahre Oase inmitten urbaner Geschäftigkeit. Welche Hauptstadt hat solche Rückzugsorte?" Obwohl sich in der Unterstadt in den letzten Jahren mehr verändert hat als im ganzen Jahrhundert zuvor, hat sie sich ihren eigentümlich ländlichen Charakter bewahrt. Georges Hausemer betrachtet einige Enten durch das Loch im Kunstwerk des Schweizer Bildhauers Daniel Buren. Wir gehen in ein kleines Lokal, das von einer aufreizend lässigen kapverdianischen Barfrau betreut wird.

„Luxemburg hat von jeher gute Handelsbeziehungen zu Portugal und Spanien", so Hausemer. „Über 10.000

㉖ HAUPTBAHNHOF (GARE CENTRALE) ★ [E7]

Der 1859 eröffnete Gare Central, Namensgeber des gleichnamigen Stadtbezirks **Quartier Gare**, ist der größte Bahnhof des Landes Luxemburg. Sein Standort wurde seinerzeit noch von der preußischen Militärverwaltung bestimmt. Der Gouverneur der Festung sprach sich dagegen aus, die Befestigungsmauern aufzubrechen und die Gleisanlagen durch die Tunnel der Festung zu führen. So wurde die Festung großräumig umgangen und der „Gare vu Lëtzebuerg", wie

043lu Abb.: jr

Portugiesen und Kapverdianer leben mittlerweile in der Stadt. Übrigens mit einigen ausgezeichneten gastronomischen Einrichtungen. Die neueste Errungenschaft, die einen Bezug zum Atlantik herstellt, ist die Ausschilderung des Jakobswegs, der hier unten durchs Tal führt. Man muss nur den gelben Muschelemblemen folgen, dann landet man unweigerlich in Santiago de Compostela. "

▲ *Georges Hausemer: literarischer Flaneur, Gourmet und Weltbürger*

ihn die Luxemburger nennen, auf einem Gelände im Stadtteil Hollerich errichtet.

Anfangs durfte die Bahnhofshalle nur aus Holz errichtet werden. Erst zwischen 1907 und 1913 wurde der Holzbau dann durch die **im neobarocken Stil errichtete Empfangshalle**

und ihren angrenzenden, **imposanten Glockenturm** ersetzt. Von der Haupthalle führte seinerzeit ein Arkadengang zu einem seitlichen **Pavillon**, der früher ausschließlich für die großherzogliche Familie reserviert war. Auch heute gibt es diesen **Arkadengang** noch, allerdings befindet sich innerhalb des einstigen separaten Fürstenbahnhofs nun ein Bahnhofsbistro. Dennoch lohnt es sich, dem Pavillon, diesem architektonischen Kleinod, besondere Beachtung zu schenken.

Im Jahr 2007 wurde das Großherzogtum Luxemburg mit in das Netz des Schnellzugs TGV Est eingebunden. Die Fahrt nach Paris dauert nun nur noch 2 Stunden und 5 Minuten.

㉗ RHAM-PLATEAU ★★ [F4]

Auf drei Seiten hat sich der Fluss Alzette im Stadtinnern so tief in den Untergrund gewühlt, dass er an dieser markanten Stelle ein Plateau geschaffen hat. Dieses Rham-Plateau genannte Areal ist seit Menschengedenken bewohnt und wurde im 15. Jahrhundert durch den Bau der dritten Ringmauer in den geschützten Teil der Stadt Luxemburg eingebunden. Ende des 17. Jahrhunderts waren unter französischer Herrschaft hier fünf Militärkasernen errichtet worden. Heute stehen auf dem Plateau Gebäude sozialer Einrichtungen und ein im Entstehen begriffenes **Centre du Rham** mit einem kleinen **Museum**, das sich der Festungsgeschichte widmen wird.

Vom Rand des Rham-Plateaus, das auch zum Wenzel-Rundweg (s. S. 125) gehört, hat man einen **sehr schönen Ausblick** auf die militärischen Bauten und Befestigungen des Heiliggeist-Plateaus und auf die Corniche ❸.

28 ROBERT-SCHUMAN-DENKMAL ★ **[D1]**

Die Rote Brücke führt vom älteren Teil Luxemburgs hinüber zum Stadtteil Kirchberg mit seinen zahlreichen modernen Verwaltungsgebäuden der Europäischen Institutionen. So ist es nur folgerichtig, dass das europäische Denk- und Erinnerungsdenkmal für den Politiker Robert Schuman (siehe Exkurs) im Jahr 1966 in unmittelbarer Nähe dieser „Europabrücke" errichtet wurde.

Der deutsch-französische Politiker Robert Schuman wird mit diesem Denkmal des luxemburgischen Architekten Robert Lentz als Vater der Europäischen Union geehrt. Das Kunstwerk besteht aus **drei Stahlträgern,** die himmelwärts in sechs Spitzen münden. Diese Spitzen symbolisieren die sechs Gründerstaaten der Montanunion, der Europäischen Gemeinschaft für Kohle und Stahl: Belgien, die BR Deutschland, Frankreich, Italien, die Niederlande und Luxemburg. Eine Inschrift auf einem Gedenkstein zitiert einen Auszug aus der sogenannten **Schuman-Erklärung** vom 9. Mai 1950.

29 RUSSISCH-ORTHODOXE KIRCHE ★ **[B2]**

Die erste russisch-orthodoxe Kirche Luxemburgs findet man im Stadtbezirk Limpertsberg in der Jean-Pierre-Probst-Straße. Ihre Erbauung geht auf die **Initiative von Sergeji Puch,** einem

■ ROBERT SCHUMAN –
VORDENKER DER EUROPÄISCHEN UNION

Bereits Victor Hugo träumte einst im luxemburgischen Schengen und Vianden von den Vereinigten Staaten von Europa. Allerdings hatte er keine Ahnung, wie so ein Europa aussehen könnte. Und er wusste auch nicht, wie ein typischer Europäer auszusehen hat. Vielleicht so wie Robert Schuman (1886–1963), ein deutsch-französischer Politiker luxemburgisch-lothringischer Abstammung. Schuman war in drei Staaten zu Hause, sprach drei Sprachen fließend und entschied sich, obwohl im seinerzeit deutschen Lothringen geboren, für die französische Staatsbürgerschaft.

Für die Luxemburger war es eine Sensation, als Schuman sie 1950 als französischer Außenminister bei seinem Antrittsbesuch in ihrem Land plötzlich in akzentfreiem Lëtzebuergesch begrüßte. „Die Liebe zum Land Luxemburg und zum Herzog habe er", so Schuman, „lange vor der Marseillaise gelernt."

Im selben Jahr stellte Robert Schuman einen spektakulären Plan vor, der alsbald als „Schuman-Plan" in die Geschichte einging. Frankreich und Deutschland sowie weitere Staaten, die sich beteiligen möchten, sollten zugunsten einer gemeinsamen europäischen Behörde auf Teile ihrer nationalen Hoheitsrechte verzichten. Bereits zwei Jahre später, 1952, wurde die Europäische Gemeinschaft für Kohle und Stahl (EGKS) gegründet, aus der sich dann, Schritt für Schritt, die Europäische Union mit ihren 27 Mitgliedsstaaten entwickelte.

in Luxemburg geborenen, russisch-stämmigen Privatbankier zurück. Nachdem Puch unerwarteterweise eine schwere Krankheit überwunden und wieder vollständig genesen war, wollte er aus Dankbarkeit eine Kirche errichten – ein Unterfangen, das sich 1975 bereits aus dem Grund als schwierig erwies, da die Stadt kein geeignetes Gelände zur Verfügung stellen konnte. Als vier Jahre später dann doch in Limpertsberg der Grundstein gelegt wurde, fehlte es Sergeji Puch an Geld, um seine Träume zu verwirklichen. Es dauerte weitere vier Jahre, bis er weltweit genügend Spender gefunden hatte.

Heute gilt vielen Luxemburgern die kleine Peter-und-Paul-Kirche mit ihren fünf bunten Zwiebeltürmen als hübsches, **exotisches Kleinod**. Der mittlere, alle anderen überragende goldene Turm symbolisiert Jesus, die vier niedrigeren, blauen Türme die vier Evangelisten.

❯ Rue Jean Pierre Probst 17

③⓪ VILLA VAUBAN ★★ [C3]

Der von 2005 bis 2010 vollständig neu restaurierte Bau der Villa Vauban befindet sich auf einem Teil der ehemaligen Festungsanlage, inmitten eines **historischen Parks**, der vom französischen Gartenarchitekten Édouard André (1840–1911) gestaltet wurde. In der Villa Vauban befindet sich heute, wie man am vollständigen Namen „Villa Vauban, Musée d'Art de la Ville de Luxembourg" erkennen kann, die

DIE SCHOBERMESSE AUF DEM GLACIS

Die meisten Luxemburger denken beim Namen Glacis an jenen großen **Parkplatz** *[C1/2], der rund um die Uhr mehr als 1200 Plätze für Fahrzeuge aller Art zur Verfügung stellt. Auch finden hier am zentralen Platz im Stadtteil Limpertsberg gelegentlich große Demonstrationen statt. Zur Sehenswürdigkeit wird der nach einem Festungsbau benannte Platz aber ausschließlich durch die 20-tägige* **Schobermesse,** *„Schueberfouer" (s. S. 12), die hier rund um den Sankt-Bartolomäus-Tag im Sommer stattfindet.*

Dieser Jahrmarkt hat eine lange Tradition und geht auf Johann den Blinden von Luxemburg zurück (lux. „Jang de Blannen"), der hier 1340 den ersten Jahrmarkt des Landes gründete. Ursprünglich war die Schobermesse ein **Viehmarkt,** *auf dem die Bauern jedes Jahr Vieh verkaufen oder kaufen*

konnten. Sieben Tage vor und sieben Tage nach der Messe bekamen sie zudem Schutzgeleit von luxemburgischen Soldaten. Noch heute wird die Schobermesse traditionellerweise von Bauern und Hirten eröffnet, die eine Schafherde zu den Klängen des **„Hämmelsmarschs"** *durch die Stadt treiben.*

Über zwei Millionen Besucher aus der Großregion besuchen alljährlich das frühestens am 29. August beginnende **Volksfest** *mit Schaustellern, Festzelten, Würstchenbuden und Verkaufsständen. Im Laufe der Schobermesse wird das ganze Stadtzentrum in die Feierlichkeiten mit einbezogen, dann sieht man überall Verkaufsbuden, die in Luxemburg „Braderie" genannt werden. Am letzten Abend findet ein Abschlussfeuerwerk statt. Erreichbar ist das Gelände mit Gratis-Pendelbussen.*

044lu Abb.: jr

städtische Kunstgalerie. Die Sammlung der Villa geht auf drei luxemburgische Bankiers und Tabakhändler des 19. Jahrhunderts zurück, die ihre Privatsammlungen ihrer Heimatstadt Luxemburg überlassen haben: Jean-Pierre Pescatore, Leo Lippmann und Eugénie Dutreux-Pescatore.

Zu sehen sind neben Werken der **französischen Historien- und Landschaftsmalerei** des 19. Jahrhunderts von **Eugène Delacroix**, Jean-Louis-Ernest Meissonier und Jules Dupré auch niederländische Gemälde aus dem 17. Jahrhundert. Hier sind vor allem Künstler wie Cornelis Bega, Gerrit Dou oder Jan Stehen zu nennen. Zu den schönsten Stücken der Sammlung zählt das Gemälde „Junger Türke, sein Pferd streichelnd" von Eugène Delacroix. Das neue Ensemble aus Villa und Neubau bietet neben den permanenten Ausstellungen auch thematische Führungen sowie Kunstberatungen für Liebhaber und Sammler an und veranstaltet Kunstworkshops, Performances und Konzerte.

❯ Musée d'Art de la Ville de Luxembourg, Avenue Émile Reuter 18, www.villavauban.lu, Eintritt 5 €, Mo–So 10–18 Uhr, Fr.abends bis 21 Uhr

③① VILLA LOUVIGNY ★ [C3]

Die Villa Louvigny am städtischen Park erhielt ihren Namen von einem Teil der Festungsanlage, dem sogenannten „Reduit Louvigny". Über 64 Jahre lang diente das Gebäude als **Sitz der RTL-Gruppe** und hat in dieser Funktion wahrscheinlich mehr zur Bekanntheit Luxemburgs beigetragen als alle anderen Sehenswürdigkeiten der Stadt. Zwischen 1935 und 1996 schickte der bekannte Radio- und

▲ *Kunstidylle inmitten der Stadt: die Villa Vauban* ③⓪

spätere Fernsehsender RTL von hier aus seine „fröhlichen Wellen" über den Globus. Mittlerweile ist die Villa Louvigny für den expandierenden Sender zu klein geworden, der in ein größeres Gebäude auf dem Kirchberg umgezogen ist.

1962 und 1966 fand in der Villa Louvigny die Veranstaltung statt, die sich heute Eurovision Song Contest nennt und damals noch „**Grand Prix Eurovision de la Chanson Européene**" hieß. Luxemburg hat diesen modernen Sangeswettbewerb übrigens fünfmal gewonnen und liegt damit hinter Irland (7 Siege) europaweit an zweiter Stelle! Heute befindet sich in der Villa Louvigny das luxemburgische Gesundheitsministerium.

❯ Villa Louvigny, Allée Marconi

㉜ REDUIT LAMBERT ★ [C4]

Luxemburg ist Festungsstadt, das wird jeder Besucher spätestens nach einem Tag gemerkt haben. Viele geben sich mit den wunderschönen Panorama-Ausblicken auf die Festungsanlagen von der Corniche ❸ oder dem Rand des Rham-Plateaus ㉗ aus zufrieden. Andere tauchen tief in die Eingeweide und die Vergangenheit der Stadt hinab, besuchen die Kasematten ❷ und wollen es dann ganz genau wissen.

An manchen Tagen kommt diese Vergangenheit aber auch ganz überraschend aus den archäologischen Tiefen der Geschichte von ganz allein ans Tageslicht. So geschah es im Jahr 1990, als bei Arbeiten am Parkhaus Monterey plötzlich die **Überreste einer historischen Vorratskammer** aus dem Festungsfels erschienen. Die heute als Reduit Lambert bezeichneten Räume wurden 1685 erbaut und gehörten seinerzeit zu

einem Fort gleichen Namens. In den Jahren 1835 bis 1836 sind die Festungsräume vermutlich erneuert worden und erhielten zwei Stockwerke, doch schon bald darauf, etwa ab 1868, wurde das Fort in einem Krieg vollkommen geschliffen und dem Erdboden gleichgemacht. Das war dann auch das vorläufige Ende für das Reduit Lambert. Heute kann dieser ausgegrabene Teil der Festung im Stadtpark, direkt an der Avenue Monterey besichtigt werden. Die einstige Bedachung ist nicht mehr vorhanden, doch die fünfeckig angelegte Grundform ist noch gut zu erkennen.

❯ im Stadtpark an der Avenue Monterey, Eintritt frei

UNTERSTADT

Das eigentliche **Herz von Luxemburg** befindet sich in der Unterstadt, die sich aus den drei **Stadtteilen Grund, Clausen und Pfaffenthal** zusammensetzt. Die Unterstadt zählt historisch zu den ältesten Teilen Luxemburgs und spielte aufgrund ihrer strategischen, von hohen Felsen geschützten Lage eine wichtige Rolle in der Festungsgeschichte. Sehenswertes aus dieser Zeit findet man im Tal in Form der Vauban-Türme und des Malakoff-Turms. Eine Zeitreise kann man aber auch in der Abtei Neumünster unternehmen, für die man ruhig etwas mehr Zeit einplanen sollte.

Auf keinen Fall verpassen: die schwarze Madonna in der Abteikirche St. Johann (s. S. 94), die Blues'n Jazz Rallye im Sommer (s. S. 12) und einen Gang entlang der Gewässer Pétrusse und Alzette, in deren Fluten die Luxemburger gelegentlich nach ihrer sagenhaften Seejungfrau Melusina Ausschau halten (s. S. 92).

■ MELUSINA, DIE NYMPHE AUS DER UNTERSTADT

Im historischen Museum der Stadt Luxemburg, dem Musée National d'Historie et d'Art, ist ihr ein eigener Bereich gewidmet, dabei ist die Nymphe Melusina nur eine mythologische Gestalt – oder etwa nicht?

Der Legende nach heiratete Siegfried von Luxemburg, der Gründer des Landes und der gleichnamigen Stadt, eine wunderschöne Frau namens Melusina. Das muss ca. im Jahre 940 oder 950 gewesen sein, also zwischen Siegfrieds zwanzigstem und dreißigstem Lebensjahr. Der Legende nach soll Melusina ihren Mann bei der Hochzeit gebeten haben, ihr einmal im Monat einen frei-

en Tag und eine freie Nacht zu gewähren und sie niemals danach zu fragen, was sie in dieser Zeit machen würde. Siegfried stimmte dieser Abmachung zu, denn er konnte seiner hübschen Eroberung keinen Wunsch abschlagen.

Doch weil Melusina eine sehr anziehende Frau war, konnte Siegfried eines Tages nicht widerstehen. Er folgte ihr heimlich nach, während sie in den Höhlengängen der Kasematten verschwand. Als er vor einer verschlossenen Tür angekommen war, schaute er durch das Schlüsselloch. Melusina badete fröhlich in einer bis zum Rand gefüllten Wanne. Allerdings sah der Graf

㉝ QUIRINUS-KAPELLE ★ [E5]

Wer einen Blick von der Passerelle ㉒ hinunter ins Tal wirft, erkennt dort, am rechten Ufer der Pétrusse, eine kleine Kirche, die sich dicht an den Fels der Festungsmauern schmiegt. Es handelt sich um die Quirinus-Kapelle, die hier **in den Fels hineingebaut** worden ist. Ursprünglich befand sich an der Stelle der Quirinus-Kapelle eine heidnische Kultstätte, die von den später christianisierten Römern als Heiligtum verehrt wurde. Denn genau an dieser Stelle entspringt eine **Felsquelle,** deren Wasser eine heilende Wirkung zugeschrieben wird.

Aus diesem Grund wird die Quirinus-Kapelle von den Luxemburgern, die allen deutschen Namen und Begriffen gerne eigene Bezeichnungen geben, auch „Hielekirch", also „Heilkirche" genannt. In der Zeit christlicher Feiertage pilgern vor allem Menschen mit Augenleiden zur Felskapelle und ihrer Heilquelle.

Die kleine, seit dem 11. Jh. dem heiligen Quirinus geweihte Kirche gehörte seit 1249 der geistlichen Ordensgemeinschaft des **Deutschritterordens.** Dieser hat die Wallfahrtskapelle 1355 in ihrer heutigen Form erbaut und ausgestaltet. Da die kleine Kapelle niemals verwüstet wurde und auch durch ihre Lage am Fels keinen extremen Witterungseinflüssen ausgesetzt war, ist die vom Orden geschaffene **gotische Fassade** bis heute in ihrer ürsprünglichen Form erhalten geblieben. Deutlich zu sehen ist noch das über dem Portal eingemeißelte Deutschherrenkreuz, allerdings gehört die Kapelle heute der katholischen Kirche. Dach und Glockentürmchen wurden 1885 renoviert. Im Innern gibt es eine kleine Sakristei und eine Nische mit einem Altar.

Der **heilige Quirinus** gilt seit dem 11. Jahrhundert als Schutzpatron der Festung und seit 1455 als **Schutzpatron der Stadt Luxemburg.**

❯ tgl. Besichtigung möglich, Eintritt frei

von Luxemburg keine Beine, sondern stattdessen eine große Fischflosse. Weil Melusina die Kräfte einer Seejungfrau besaß, spürte sie die Gegenwart ihres Mannes und sprang, weil dieser sich nicht an sein Versprechen gehalten hatte, in den Fluss Alzette. Weder Siegfried noch sonst ein Luxemburger haben sie, so die Sage, seitdem wiedergesehen.

Wer heute abends durch Clausen oder den Grund geht, soll sie allerdings manchmal im Flusswasser plätschern hören können. Vielleicht, so böse Zungen, haben all diejenigen, die Melusina hier abends plantschen hören, aber auch nur einen zu viel getrunken.

㉞ WENZELSMAUER ★ [F4]

Geht man von der Corniche ❸ abwärts am **Grundtor** vorbei, einer 1632 von den Spaniern errichteten Stadtpforte, und folgt links, bergab, den gewundenen Wegen, so gelangt man unten im Tal an eine **zweibogige Brücke** über die Alzette, die die Luxemburger „Stierchen", also „kleiner Steg" nennen. Der Rest eines Aussichtsturmes ist hier ebenso erhalten geblieben wie die Steinbrüstung der Originalbrücke mit Wehrgang und eingelassenen Schießscharten. Betritt man den nach vorne offenen Turm, erklingt Musik aus der Entstehungszeit der Bauten.

Von der Brücke aus hat man Sicht auf einen Teil der Stadtmauer, die Wenzelsmauer genannt wird. Benannt wurde sie nach dem deutschrömischen König **Wenzel von Luxemburg**, auch der Faule genannt. Man erkennt einen in die Wenzelsmauer eingelassenen Turm, den **Jacobs-**

Turm, die **Dinstelpforte** und, am Rande der Alzette, das Haus des Brunnenmeisters aus dem Jahr 1843, die sogenannte **Arche Noah.**

Die Wenzelsmauer war Teil der Stadtmauer und schloss so die gesamte Unterstadt und das höher gelegene Rham-Plateau ㉗ mit in die Verteidigungsringe der Stadt ein. Die ursprünglich 875 m lange Wehrmauer umfasste 37 Türme und Tore.

㉟ ABTEI NEUMÜNSTER ★ ★ ★ [F3]

Heute nennen die Luxemburger die Abtei Neumünster im Stadtteil Grund kurz und knapp CCRN *(Centre Culturel de Rencontre Abbaye de Neumünster)* oder auch nur Kulturzentrum. Doch der imposante Bau hat eine lange, sehr bewegte und von vielen Zerstörungen geprägte Geschichte, die beinahe 1000 Jahre lang währt, also bis an den Beginn der Stadt Luxemburg zurückreicht.

Geschichte

Der Stadtteil Grund oder *Gronn,* wie die Luxemburger sagen, gehört zu den am frühesten besiedelten Teilen der späteren Stadt Luxemburg. Bereits um das Jahr 1083 hatte Graf Konrad – der erste Graf, der sich „von Luxemburg" nannte – unten im Tal eine Kirche errichten lassen. Aufgrund der häufigen Überschwemmungen im Tal der Alzette und Pétrusse wurde sie zu Ehren des Apostels Petrus erbaut. Aus dieser Kirche ging das Hauskloster des Grafen, die **Abtei Altmünster**, hervor, die 1123 eingeweiht und etwa 400 Jahre später durch französische Truppen völlig zerstört wurde.

Es waren **Benediktinermönche**, die das Kloster Neumünster im Jahr

045lu Abb.: Jr

Sarkophag, der in der Krypta der Stadtkathedrale ⓲ zu finden ist.

1798 wurde das ehemalige Kloster in ein Gefängnis und eine Kaserne der französischen Verwaltung umfunktioniert. Bis in die Gegenwart machte die Abtei dann noch mehrere Metamorphosen durch: Sie war zeitweise Waisenhaus, dann ab 1815 Militärhospital der Deutschen Truppen, im Zweiten Weltkrieg **Nazi-Internierungslager** für Anhänger der luxemburgischen Résistance und beendete ihre eigenartige Karriere schließlich als **Männergefängnis**. Als solches diente die Abtei über 120 Jahre lang, bis auch das Gefängnis im Jahr 1985 endgültig geschlossen wurde. Heute hat die ehemalige Abtei keine sakrale Funktion mehr und ist völlig in ihrer neuen Funktion als Bestandteil des städtischen Kulturzentrums aufgegangen.

Abteikirche Sankt Johann

Erstaunlicherweise wurde die heutige Abteikirche Sankt Johann nach Plänen eines belgischen Festungsingenieurs errichtet, was sich durchaus in der **Nüchternheit des Kirchengebäudes** widerspiegelt. Dieser Mitarbeiter des berüchtigten napoleonischen Generals Vauban entwarf den Sakralbau nach militärischen Gesichtspunkten. Noch heute erinnert sie, im Verbund mit den mächtigen angrenzenden Gebäuden, an eine Trutz- oder Kirchenburg.

In der ersten Seitenkapelle der Kirche steht eine **Schwarze Madonna**. Die Luxemburger nennen sie auch „Notmuttergottes", weil sie in Zeiten der Not Wunder wirken soll, und pilgern in der Fastenzeit scharenweise ins Tal. Warum sich das aus dem 14. Jahrhundert stammende Nussbaumholz, aus dem die Madonna

1606 wiedergegründet haben. Klassischerweise wurde das neue Kloster um einen Kreuzgang herum angelegt, in dem die Mönche begraben wurden. Doch als die Truppen Ludwigs XIV. unter ihrem Marschall Vauban Luxemburg 1684 belagerten und beschossen, wurde die Abtei erneut völlig zerstört. Bereits vier Jahre später begann man mit dem Wiederaufbau.

1796 wurde die Neumünster-Abtei wie alle anderen Klöster durch die Verfügung der französischen Revolutionsbehörden **säkularisiert**. Ein Bäcker aus dem Tal konnte noch die Gebeine von Johann dem Blinden retten und in einer Grotte hinter seinem Haus verbergen, als die letzten Mönche das Kloster verließen. Diese Gebeine befinden sich heute in einem

geschnitzt ist, im Gesicht der Figur schwarz verfärbte, konnte noch nicht geklärt werden.

Die drei **Barockaltäre**, die in der Kirche zu sehen sind, stammen aus dem Franziskanerkloster, das früher einmal auf dem Place Guillaume II. ⑰ existierte. Sie entstanden um 1660 und zählen damit zu den ältesten Barockwerken in Luxemburg. Sehenswert ist das Deckengemälde.

Die Hauptgebäude der Abtei

Noch schlichter als die Kirche geben sich die von außen wuchtig erscheinenden Hauptgebäude der Abtei Neumünster. Innen sind alle Säle und die Gänge des Kreuzgangs in erd- und ockerfarbenen Tönen gehalten. Zweigeschossig umgeben sie einen Hof, in dem oft Konzerte stattfinden, das **riesige Parvis**, der Innenhof des CCRN. Er zählt mit seinen 3700 m² zu den größten öffentlichen Plätzen Luxemburgs.

Das ehemalige Hospital an der Südseite des Parvis, das heute **Robert-Bruch-Haus** heißt, ist ein interessantes Beispiel für die Militärarchitektur der preußischen Garnison um 1867. Die dicken Mauern waren vor allem dazu gedacht, den Bombardierungen standzuhalten.

Ein weiteres Haus der Abtei Neumünster beherbergt den **Robert-Krieps-Saal** (östlich des Parvis). Er wurde nach einem Widerstandskämpfer benannt, den die Nazis hier im Alter von 17 Jahren internierten und anschließend ins KZ nach Dachau

brachten. Krieps überlebte das Lager und wurde später Politiker der Sozialistischen Partei. Im Volksmund nennt man den Raum heute „Tutesaal", weil die Gefangenen als Beschäftigungstherapie hier einst Tüten geklebt haben. (Tüte heißt auf Luxemburgisch „Tut".) Heute ist der Krieps-Saal als **Aufführungsraum für Theater und Kabarett** ein wichtiger Bestandteil des Kulturzentrums.

Neben Bruch und Krieps firmiert **Lucien Wercollier** als dritter Namensgeber für den **Kreuzgang** der Abtei, westlich des Parvis gelegen. Der luxemburgische Bildhauer, den die Nazis ebenfalls internierten, ist mit einer Dauerausstellung auf den Basaltsäulen im ersten Stock über dem Kreuzgang vertreten.

▶ *Kunstperformance an der Treppe zum Robert-Krieps-Saal*

◀ *Die Abteikirche Sankt Johann beherbergt eine Schwarze Madonna*

In der Mitte des Kulturzentrums Neumünster kann man noch einen schönen Platz mit Wintergartencharakter bewundern. Über dem **„Agora Marcel Jullian"** genannten Hof vor dem Kreuzgang wölbt sich ein Glasdach. An einer Seitenmauer der Agora ist das **Kunstprojekt „The Portrait Society"** des Künstlers Roland Schauls zu sehen, das aus 504 Einzelbildern besteht.

Die Abtei Neumünster: Wo einst Mönche meditierten, Verbrecher Tüten klebten oder Widerstandskämpfer einsaßen, finden heute über 1000 kulturelle Veranstaltungen pro Jahr statt. Claude Frisconi, der Direktor der Abtei, umschreibt das mit den Worten „La revanche de l'histoire", das sei die Vergeltung der Geschichte.

❯ **Centre Culturel de Rencontre Abbaye de Neumünster,** Rue Münster 28, Bus Grund (vom Hauptbahnhof aus), Haltestelle „Stadgronn–Bréck", Tel. 2620521, www.ccrn.lu, Mo–Fr 9–19, Sa/So 10–18 Uhr, Eintritt frei

36 MALAKOFF-TURM ★ [G2]

Der auch „Weimershofer Batterie" genannte **eindrucksvolle Turm** liegt direkt an einer steil hinabführenden Haarnadelkurve im Stadtteil Pfaffenthal. Erbaut wurde er 1860–1861 als Bestandteil der Verteidigungsmauer des Weimershofer Tälchens, die unter preußischer Besatzung als Bundesfestung errichtet wurde. 1875 wurde die Mauer geschleift, allein der Turm blieb bestehen.

Der aus gelbem Sandstein errichtete Turm erhielt seinen Namen nach **Aimable-Jean-Jacques Pélissier,** der auch als Herzog Malakoff, als Eroberer der Festung Sewastopol im Krimkrieg 1855, bekannt wurde.

Der Turm war einst mit zwei Geschützen versehen und bombensicher gebaut. An seiner rechten Seite befindet sich noch heute eine Tordurchfahrt für den Weimerhofer Weg. Nach der Schleifung wurde der Turm privat vermietet, heute nutzt ihn die Pfadfinderorganisation FNEL für Treffen und Veranstaltungen. Einen identischen Befestigungsturm findet man noch heute in der Nähe von Ulm.

❯ Rue Malakoff

37 VAUBAN-TÜRME ★ ★ ★ [E2]

In der Unterstadt Pfaffenthal sind an der aus der Stadt führenden Vaubanstraße zwei sehr gut erhaltene Originaltürme aus der Zeit der französischen Besatzung zu sehen. Die nach dem **Baumeister Vauban** benannten Türme waren einst über eine Wehrmauer miteinander verbunden. Vauban wollte unmittelbar nach der

04?lu Abb.: jr

▶ *Trotz mehrmaligen Beschusses ist dieser Vauban-Turm im Stadtteil Pfaffenthal sehr gut erhalten*

SUPERJHEMP –
EIN MIT KOCHKÄSE GEDOPTER NATIONALHELD

048lu Abb.: rl

Wenn sich der mit Superkräften ausgestattete Comic-Nationalheld Superjhemp im blau-weiß-roten Kostüm in die Lüfte erhebt, wird es in seiner Heimat Luxusbuerg wieder spannend. Ganz anders allerdings als seine beiden Verwandten Superman aus den USA und Superdupont aus Frankreich geht Superjhemp bei seinen Abenteuern völlig luxemburgisch, sprich: entspannt vor. So fliegt der Comic-Held der luxemburgischen Zeichner Lucien Czuga und Roger Leiner am liebsten, ganz relaxed, mit den Händen in den Hosentaschen. Seine Superkräfte bezieht er aus dem luxemburgischen Grundnahrungsmittel Kochkäse (lux. „Kachkéis"), der ihm auch als Geheimwaffe dient, wenn es darum geht, seine Gegner an Häuserwänden festzukleben.

Hinter der Identität als Superjhemp verbirgt sich der völlig überbeschäftigte luxemburgische Staatsbeamte Charel Kuddel. Als Superjhemp verbringt der Beamte Kuddel die meiste Zeit in der Luft. Und ist er mittlerweile (neben den Radsportlern Schleck) zu einem wahren Nationalhelden Luxemburgs aufgestiegen, so ist er doch ein sehr bo-

denständiger Kerl geblieben. Natürlich liebt er, wie es sich für einen wahren Luxemburger gehört, den „Ierzebulli" (die Erbsensuppe) und weiß auch die „Judd mat Gaardebounen" (gepökelter Schweinehals mit dicken Bohnen) seiner ihn mästenden Frau Félicie durchaus zu schätzen. Dank seines alles durchdringenden Superblicks durchschaut Superjhemp sowohl den faulen Zauber der Luxusbuerger Finanzwelt als auch die Machenschaften von Polit-Terroristen, die dem kleinen Land zu schaffen machen. Zu seinen besten Freunden gehört der Kleinherzog Luc, der den Superhelden soweit wie möglich unterstützt.

Die Alben mit den Abenteuern von Superjhemp sind in Luxemburg mittlerweile wahre Bestseller und die Tatsache, dass sie bislang noch nicht ins Französische oder Deutsche übersetzt wurden, ist wahrscheinlich darauf zurückzuführen, dass die Welt von Superjhemp und seinem Gehilfen Schrobiltgen eine durch und durch luxusbuergische ist. Besuchern der Stadt seien sie dennoch wärmstens ans Herz gelegt. Denn wenn das moderne Museum MUDAM **41** sich im Comic z. B. in eine überdimensionale Käseglocke verwandelt, kann das auch einen engagierten Besucher der angehenden Weltstadt Luxemburg nicht kalt lassen.

◄ *Superjhemp bei einer seiner entspannten Flugdarbietungen über der Metropole Luxusbuerg*

Eroberung der Festung Luxemburg durch die Truppen König Ludwigs XIV. im Jahr 1684 die Unterstadt mit in die Festungsanlage einbeziehen. Die hier zu sehenden Türme, **die am besten erhaltenen Wehrtürme des damaligen Stadtrings**, sind Zeugnisse seiner Bemühungen. Die Türme besitzen jeweils einen breiten Torbogen als Durchgang.

AUF DEM KIRCHBERG

In den 1960er-Jahren bestand das Kirchberg-Plateau noch aus landwirtschaftlich genutzten Flächen, aus Brachland, einem hübschen kleinen Wald und einem verträumten Dorf. Heute kann man sich das angesichts der eindrucksvollen Silhouette, die hier entstanden ist, kaum

049lu Abb.: jr

mehr vorstellen. Auf dem breiten J.-F.-Kennedy-Boulevard fährt man an zahlreichen architektonischen Glanzstücken vorbei: an glitzernd-spiegelnden Bankpalästen, dem Kinokomplex Utopolis (s. S. 35), dem gigantischen Konsumtempel Auchan und der eindrucksvollen Philharmonie. Landschaftsplaner haben die riesigen Areale des Kirchberg-Plateaus einmal als „ästhetisches Laboratorium" bezeichnet. Schließlich konnte sich die Stadt Luxemburg hier auf einer riesigen Fläche völlig neu erfinden.

Notwendig wurde dies, als Luxemburg 1952 Sitz der Europäischen Kohle und Stahl-Gemeinschaft wurde. An allen Ecken und Enden fehlte es an geeigneten Gebäuden für die hier nach und nach entstehenden Institutionen der heranwachsenden Europäischen Gemeinschaft. Zuerst kaufte die Stadt das 360 Hektar große Kirchberg-Plateau im Osten der Stadt und schuf 1963 mit der Roten Brücke **38** eine direkte Anbindung an die Altstadt. Im **Europaviertel**, das den Kirchberg anfangs prägte, entstanden neben dem **Europäischen Gerichtshof, der Europäischen Investitionsbank und dem Europäischen Rechnungshof** zahlreiche weitere „Europabauten".

Zu den zahlreichen europäischen Behörden kamen internationale Kongresszentren und Hotels hinzu. Die **weltweit renommiertesten Architekten** durften auf dem Kirchberg ihre Träume aus Glas, Beton und Stahl

◄ *Direkt vor dem Eingang zum Hotel Sofitel (s. S. 128) erheben sich diese goldglitzernden Giganten*

► *Eine der zahlreichen Spiegelfassaden im modernen Stadtteil Kirchberg*

050lu Abb.: jr

ausleben. Heißen sie nun Gottfried Böhm, Denis Lasdun, Ieoh Ming Pei, Jean-Michel Wilmotte oder Ricardo Bofill.

Doch das alleine würde nun den Besuch dieses Stadtteils kaum lohnen, hätte sich der Kirchberg nicht auch zu einem **Ort der Kultur** entwickelt. Dank zahlreicher öffentlich zugänglicher Kunstwerke kann man die Gegend rund um den zentralen Park und seinen See als **riesiges Freiluftmuseum** bezeichnen. Neben den beiden kulturellen Glanzlichtern, dem MUDAM (Musée d'Art Moderne Grande-Duc Jean) und der Philharmonie, beeindruckt hier vor allem die **gelungene Symbiose aus Architektur und Kunst.** Da die Künstler große Freiflächen auf dem Kirchberg vorgefunden haben, inspirierte dies viele von ihnen dazu, hier Großes im wörtlichen Sinne zu schaffen. So geht man in den Parks an gewaltigen Stühlen, sehr hoch gewachsenen Herren oder überdimensionalen Blumen vorbei.

EXTRATIPP

Kostenloses Parken auf dem Kirchberg

Wer mit dem Auto in Luxemburg unterwegs ist und den Kirchberg besichtigen möchte, sollte wissen, dass es dort kaum öffentliche Parkplätze gibt. Parken ist hier alleine in den unterirdischen Parkhäusern möglich! Doch sollte man nicht einfach in irgendein Parkhaus fahren, nur im **Parkhaus des Shoppingcenters Auchan 43** ist das Parken **die ersten drei Stunden kostenlos.** Für alle anderen Parkhäuser auf dem Kirchberg muss man von Anfang an bezahlen.

Achtung: Die seitlichen Notausgänge führen zwar aus dem Parkhaus Auchan hinaus. Sollte man jedoch etwas im Auto vergessen haben, kommt man über den Notausgang nicht wieder ins Parkhaus hinein. Am besten also gleich den Lift benutzen, den man im Zentrum der jeweiligen Parkhausebene findet.

Doch ganz ohne eine Reminiszenz an die Vergangenheit als Festungsstadt kommt auch das neue Viertel Luxemburgs nicht aus. In unmittelbarer Umgebung moderner Bauten findet man das **Fort Thüngen**, ein burgartiges Kastell, das in ein Militärmuseum verwandelt wurde. Gleich hinter seinen dicken Mauern aus dem Mittelalter erhebt sich die moderne Glasfront des MUDAM, des größten Kunstmuseums der Stadt, und schafft so einen eindrucksvollen Kontrast.

Wer sich auf die Philharmonie, das Fort Thüngen und das MUDAM beschränken möchte, der sollte seinen **Rundgang** über das Gelände des Kirchbergs im Westen, gleich nach der Roten Brücke, beginnen. Wer sich auch für die zahlreichen Kunstinstallationen interessiert, der sollte den Rundgang im Osten starten, am Kinocenter Utopolis (s. S. 35).

🔴38 ROTE BRÜCKE ★ [E1]

Die **Brücke Grande-Duchesse Charlotte**, im Volksmund auch „Rote Brücke" genannt, verbindet den Stadtteil Limpertsberg mit dem Europaviertel auf dem Kirchberg-Plateau. Die von 1963 bis 1965 gebaute **Stahlbrücke** überspannt den Stadtteil Pfaffenthal und das Tal der Alzette dabei in einer Höhe von 74 m. Ihre typische rote Farbe erhielt die Brücke, weil dieser Farbton zur Zeit ihres Baus als die preiswerteste Variante erachtet wurde, um Roststellen zu überdecken. Konstruiert wurde sie nach Plänen des Architekten Egon Jux.

Ihre beachtliche Höhe hat über Jahre hinweg eine makabre **Anziehungskraft auf Selbstmörder** ausgeübt. Der in den 1990er-Jahren gedrehte Dokumentarfilm „Le pont rouge" beschäftigt sich mit dieser Thematik und zeigt die Auswirkungen der Selbstmorde auf die unter der Brücke lebende Pfaffenthaler Bevölkerung. Diese hatte bereits seit dem Bau der Brücke, insbesondere zur Zeit der Schobermesse (s. S. 12), unter herabfallendem Abfall zu leiden. Durch die zahlreichen Selbstmörder sah sich die Stadt in den 1990er-Jahren dann gezwungen, eine hohe, oben gebogene Plexiglaswand auf beiden Seiten der Brückenbrüstung zu errichten.

❯ Bus 1, 16, Haltestelle „Fondation Pescatore", von hier aus 5 Min. Fußweg

🔴39 PORTE DE L'EUROPE ★ [G1]

Nach der Überquerung der Roten Brücke 🔴38 empfängt einen der Stadtteil Kirchberg mit seinen 70 m hohen Zwillingstürmen, die links und rechts der breiten **Avenue J. F. Kennedy** zu sehen sind. Sie tragen den bezeichnenden Namen Porte de l'Europe. Das „Tor zum Neuen Europa" nennen es die Luxemburger auf Deutsch und spielen damit auf die zahlreichen Gebäude der Europäischen Verwaltung an. Die Zwillingstürme, in der sich heute europäische Verwaltungsinstitutionen befinden, lassen sich nur nach vorheriger Anmeldung im City Tourist Office (s. S. 115) im Rahmen einer Führung besichtigen.

❯ Bus 1, 16, Haltestelle „Philharmonie/MUDAM", von hier aus 5 Min. Fußweg

🔴40 PHILHARMONIE ★ ★ ★ [G1]

Die moderne Philharmonie der Stadt auf dem Kirchberg tritt ganz in die Fußstapfen anderer repräsentativer Gebäude Luxemburgs. In dem 2005 eröffneten Schmuckkästchen residieren die 100 Orchestermusiker des **Orchestre Philharmonique du Luxembourg**.

Dominiert wird die **Fassade aus Stahl und Glas** von **823 weißen Säulen,** die dem Gebäude eine spielerische Leichtigkeit, Transparenz und die klassische Anmut einer gigantischen Riesenmuschel verleihen. In einige dieser Säulen wurde ein Pendel eingebaut, um die durch den Wind entstehenden Schwingungen auszugleichen. Entfernt erinnert die Fassade des Architekten Christian de Portzamparc an eine antike Säulenhalle, die nachts wie eine riesige Laterne hoch oben über der Stadt leuchtet. Die Spitzen des elliptischen Baus sind genau nach Süden (hin zur Altstadt) und nach Norden hin ausgerichtet (Boulevard John F. Kennedy).

Zusammen mit dem Akustiker Albert Xu Yaying machte der renommierte Architekt das Luxemburger Konzerthaus selbst zu einem gigantischen Musikinstrument. Der schönste Saal des Hauses, der **große Konzertsaal,** fasst bis zu 1500 Zuschauer und trägt in ganzer Länge den adligen Namen „Salle de Concert Grande Duchesse Joséphine-Charlotte".

Längst ist die wunderschöne Philharmonie gemeinsam mit dem MUDAM zu einem wichtigen kulturellen Ensemble auf dem Kirchberg-Plateau geworden.

Die Philharmonie ist bei den Luxemburgern äußerst beliebt und **fast immer ausverkauft.** Besonders begehrt sind die Veranstaltungen von maßgeschneiderten Konzerten und Workshops mit Musikern und Komponisten. Abends geht das überwiegend junge Publikum gerne zum Entspannen zum „Piano Jazz at the Phil" oder zu den DJ-Abenden im Foyer. Die Philharmonie hat unter dem Namen „Philou" auch ein breites Angebot für Kinder und Jugendliche zu bieten.

❯ Place de l'Europe, Tel. 26322632, www.philharmonie.lu, Tickets an der Kasse der Philharmonie, online oder unter Tel. 00352 26322632

❯ Bus 1, 16, Haltestelle „Philharmonie/ MUDAM"

▼ *Die Philharmonie präsentiert sich aus fast jeder Perspektive fotogen*

05:lu Abb.: jr

㊹ MUDAM – MUSÉE D'ART MODERNE GRAND-DUC JEAN ★★★ [F2]

Eigentlich müsste das MUDAM Museum für zeitgenössische *(contemporain)* Kunst, also MUDAC, heißen, denn der Prachtbau des amerikanisch-chinesischen **Stararchitekten Ieoh Ming Pei** zeigt **Gegenwartskunst**. Keine klassisch-moderne Kunst, kein Kubismus oder Expressionismus ist zu sehen, sondern z. B. die sehr sehenswerte Kapelle des belgischen Konzeptkünstlers Wim Delvoye, die

▪ MING PEI, DING PEI

Der amerikanisch-chinesische Stararchitekt Ieoh Ming Pei, der das Museum MUDAM entworfen hat, wurde während der Baumaßnahmen von Kollegen damit konfrontiert, dass er einen luxemburgischen Name trüge. „Ming Pei" heißt nämlich auf Lëtzebuergesch „Mein Geld". Und so erfuhr Herr Ming Pei auch, dass Luxemburgisch durchaus wie Kantonesisch klingen kann. Zum Beispiel bedeutet die Lautfolge „schéin Schong" nichts anderes als „schöne Schuhe". Allerdings ist „ming Pei" ein besonders schönes Beispiel, weil man in Luxemburg einen Zungenbrecher kennt, der die klangliche Nähe zum Chinesischen wirklich verblüffend gut wiederspiegelt. „Ming Pei, ding Pei un ooch him seng Pei" – „Mein Geld, dein Geld und auch sein Geld". Apropos Geld: der Bau des MUDAM kostete 90 Millionen Euro, angesichts heutiger Bausummen in Europa ein Klacks - oder wie man in Finanzkreisen zu sagen pflegt: Peanuts.

speziell für das MUDAM geschaffen wurde. Anstelle von Hinterglasmalerei setzte Delvoye geschickt Röntgenaufnahmen in die kirchlichen Fenster ein.

Die meisten der ständigen Werke des Museums stammen von Künstlern aus Luxemburg oder aus den Nachbarländern. Neben Konzeptkunst sind über 400 Werke aus den Bereichen Malerei, Zeichnung, Fotografie, Multimedia, Mode, Design, Grafik, Ton und Architektur zu sehen. Mittwochs finden im MUDAM eine eigene kostenlose Veranstaltungsreihe namens „Wednesdays at Mudam" und ganzjährig ein eigenes Kinderprogramm für wirklich junge Kunst statt, das sich „Mudamini" nennt. Last but not least gehören zum Museum auch ein eigener Shop und ein **sehr gutes, preiswertes Café**.

Interessant ist die **Architektur** des MUDAM, die sich nach den teils vorhandenen Überresten des benachbarten Fort Thüngen richten musste. Stararchitekt Pei hat einen Museumsbau geschaffen, der sich auf das Fundament der Außenmauern des alten Festungsgebäudes stützt. Im Dialog mit den alten Wallmauern fügt sich der moderne Bau erstaunlich harmonisch in die historische Kulisse ein. Eindrucksvollstes Kontrastelement ist die **gläserne Südfassade,** die einen Blick auf die Stadtteile Pfaffenthal und Clausen in der Unterstadt freigibt. Interessant: Man erreicht das Museum über zwei aufeinander zulaufende Brücken, die über die ehemaligen Festungsgräben führen.

❯ Park Dräi Eechelen 3, Kirchberg, Tel. 453785960, www.mudam.lu, Mi–Fr 11–20 Uhr, Sa–Mo 11–18 Uhr, Di geschlossen, Eintritt: 5 €
❯ Bus 1, 16, Haltestelle „Philharmonie/ MUDAM"

052/u Abb.: jr

ⓦ FORT THÜNGEN MIT MUSÉE DRÄI EECHELEN ★ ★   [F2]

In unmittelbarer Nähe des MUDAM befindet sich Fort Thüngen, die historische Festungsanlage auf dem Kirchberg. Sie zählt zu den schönsten Gebäuden der gesamten Luxemburger Festungsarchitektur.

Das Fort wird wegen seiner **markanten Eichelverzierung** auf den Dächern von den Luxemburgern auch „**Drei Eicheln**" (lux. *Dräi Eechelen*) genannt. Vom 1732 erbauten und 1870 abgerissenen Fort sind nur noch drei runde Türme und einige Grundmauern erhalten geblieben. Ursprünglich war das Fort von einem tiefen Festungsgraben umgeben und konnte von Obergrünewald aus durch einen 169 m langen unterirdischen Felsengraben erreicht werden.

▲ *Das trutzige Fort Thüngen beherbergt heute das Festungs- und Militärmuseum*

Die Stadt hat das nach dem österreichischen Festungskommandanten Adam Sigmund von Thüngen benannte Fort mittlerweile architektonisch erweitert, sodass es nun als einziges **Festungs- und Militärmuseum „Dräi Eecheln"** der Hauptstadt fungiert. Die Tour führt über die drei Etagen des Museums und anschließend in den von Landschaftsarchitekten gestalteten **Park „Drei Eicheln"**, der nach Westen hin in mehreren Terrassen ausläuft und einen wunderschönen Panoramablick auf die City bietet.

❯ Park Dräi Eecheln 5, Kirchberg, Tel. 264335, Di–So 10–18 Uhr, Mo, 1.1.,1.11. und 25.12. geschlossen, Eintritt frei
❯ Bus 1, 16, Haltestelle „Philharmonie/ MUDAM"

㊸ AUCHAN ★   [gi]

Am Nordeingang des Auchan, des luxemburgischen **Einkaufscenters der Superlative**, wird man von einem rosafarbenen Karussell empfangen.

Frühmorgens weht der Geruch von frisch gebackenem Brot durch einen Teil der zwei Etagen mit insgesamt 12.500 m² Verkaufsfläche.

Das Einkaufszentrum Auchan auf dem Kirchberg-Plateau vor den Toren der Stadt Luxemburg verdient alle Superlative. Dieser ganz neue, **ultramoderne Komplex** in Luxemburg bietet eine beeindruckende Waren- und Konsumwelt an. Am besten stillt man seinen Hunger vor dem Einkauf erst einmal in einem der **vielen Restaurants**, darunter ein Fischrestaurant und mehrere italienische, chinesische und thailändische Lokale. Die Benutzung des Parkplatzes mit 2220 überdachten Plätzen ist in den ersten drei Stunden kostenlos!

❯ Rue Alphonse Weicker 5, Kirchberg, Tel. 4377431, www.auchan.lu, Mo–Do, Sa 8–20 Uhr, Fr 8–21 Uhr

❯ Bus 1, 16, Haltestelle „John F. Kennedy", von hier aus 5 Min. Fußweg

KUNSTRUNDGANG AUF DEM KIRCHBERG

Um den bislang von Touristen etwas stiefmütterlich behandelten Stadtteil Kirchberg aufzuwerten und auch den Luxemburgern selbst neue Anreize zu geben, hat die Stadt hier in den letzten Jahren **sehr viel in Kunst investiert.** Und so entdeckt man beim Gang durch die Parks und entlang der Alleen und Gebäude der Europäischen Union hier so manche, vor allem bildhauerische Überraschungen. Wer sich für Kunst von Richard Serra bis hin zu Markus Lüpertz interessiert, dem sei der folgende Kunstrundgang auf dem Kirchberg ans Herz gelegt.

★**115** [hi] **Exchange**, Bus 1, 16, Haltestelle „John F. Kennedy", von hier aus 5 Min. Fußweg. In unmittelbarer Nähe des Shoppingcenters Auchan ❸ beginnt der Rundgang über den Kirchberg. Er startet am Kunstwerk namens „Exchange" des amerikanischen Künstlers **Richard Serra.** Schon von Weitem ist die 20 Meter hohe und 38 Tonnen schwere **rostbraune Stahlkonstruktion** sichtbar, die inmitten eines Kreisverkehrs auf der Avenue J. F. Kennedy steht. Aus Deutschland kommende Autofahrer werden hier, am östlichen Eingang der Stadt Luxemburg, also unmittelbar von einem Kunstwerk empfangen.

★**116** [hj] **Klosegroendchen.** Gleich unmittelbar südlich der Avenue J. F. Kennedy beginnt ein **Landschaftsprojekt** des Künstlers und Gestalters Peter Latz. Der Klosegroendchen genannte, immer noch im Entstehen befindliche Park erfüllt mehrere Zwecke. Einerseits dient er als **Ausstellungsfläche** für einige Werke der Bildhauerkunst, allen voran der **„Coquille",** einem Werk des Luxemburger Künstlers **Bertrand Ney.** Und andererseits dient der Park mit seinen spiralförmigen Kanälen als **Wasserreservoir** auch ökologischen Zwecken. Die „Coquille", eine massive Granitmuschel, erreicht man über einen geschlängelten kleinen Pfad, der zum Rande eines Wäldchens führt. Eine weitere interessante Skulptur im Klosegroendchen ist die **„Hourlope",** ein schwarz-weiß gehaltenes Figurenensemble des Bildhauers Jean Dubuffet, der bereits 1985, lange vor Beginn des Parkprojekts, verstarb.

★**117** [gj] **Grande fleur qui marche.** Gegenüber dem Shoppingcenter Auchan ❸ steht auf der anderen Seite der Avenue J. F. Kennedy die **Skulptur einer riesigen Blüte.** Ihre bunt bemalte Seite streckt

▶ *Beliebtes Fotomotiv auf dem Kirchberg: das Kunstwerk „Der lange Banker"* sich der Allee und den Passanten entgegen. Mit zwei Blütenblättern scheint sie einen Ausfallschritt zu machen. Die zwischen zwei Häuserblocks platzierte Skulptur stammt von **Giovani Teconi**, der sich der Keramik „La Fleur qui marche" von Fernand Léger als Inspirationsquelle bediente.

★118 [gj] **Der lange Banker.** Kaum zwei Gehminuten von der Skulptur „Grande fleur qui marche" entfernt steht ebenfalls direkt an der Avenue J. F. Kennedy die Plastik „Der lange Banker". Wie kaum ein anderes Kunstwerk spielt diese **Figur eines in die Höhe gestreckten Bankers** auf humorvolle Weise mit den Begriffen, die im Bankwesen kursieren. Wachstum, Erfolg, steigende Kurse – alles, was nach oben streben soll, wird hier auf schöne Weise dargestellt und karikiert. Die 2001 entstandene, sieben Meter hohe Figur der **Künstlergruppe Inges Idee** trägt die typischen, ebenfalls gedehnten Accessoires eines englischen Bankers: Regenschirm, Melone, Aktenkoffer. Sie steht direkt vor dem Gebäude der Deka-Bank, was die Anspielungen der Künstler noch deutlicher macht.

★119 [gj] **Les chevaux du vent.** Die „Pferde des Windes" entdeckt man zwischen dem Auchan und dem Boulevard Konrad Adenauer. Der Name dieser **mächtigen Steinquaderkomposition** von **Liliane Heidelberger** ist eine poetisch-ironische Anspielung. Die sechs Granitblöcke sollen eine Reflexion über mythische Geschöpfe des Himalayas sein, erinnern allerdings nur sehr entfernt an Pferde.

★120 [gj] **Der große Thron.** Einige Schritte von den „Pferden des Windes" entfernt steht diese Skulptur der **Künstlergruppe Hermann & Valentiny.** Sie ist Teil eines Zyklus, zu dem auch „Ubu roi", die Skulptur nahe dem Hauptbahnhof, gehört.

★121 [gj] **Sopransolo.** Einige Meter entfernt vom „Großen Thron" steht das sehr verspielte Werk des niederländischen

054lu Abb.: jr

Künstlers **Willem J. A. Bouter,** der im Jahr 2000 während der Arbeit an einer seiner Skulpturen in Luxemburg verstorben ist. Die blauen Kugeln, roten, gewundenen Stangen und Aluminiumstreben gelten als Werk eines Synästhesisten. Es ist die **plastische Umsetzung eines gehörten Stücks,** nämlich eines Sopransolos aus einem Chor.

★**122** [gj] **Deutsche Bank Luxemburg,** Boulevard Konrad Adenauer 2. Von den drei Kunstwerken kommend, führt der

Boulevard Konrad Adenauer noch vor dem Römerweg-Park links hinunter zur mit einem spiegelnden Metallzylinder als Dachbekrönung versehenen Zentrale der Deutschen Bank Luxemburg. Unmittelbar vor ihrem Haupteingang steht die **Bronzeskulptur „Clitunno"** des Düsseldorfer Künstlers **Markus Lüpertz.** Das Kunstwerk, das einen antiken, den Fluten entsteigenden Flussgott darstellt, gilt als eines der kostbarsten Werke des gesamten Kirchberg-Skulpturenparks. Aus diesem Grund wird sich, wenn man hier zu lange verweilt, auch irgendwann der Sicherheitsdienst der Bank einschalten. Da die Deutsche Bank jedoch eine Bank ist, die sich gerne auch öffentlich mit kostbarer Kunst schmückt,

▼ *Das Sport- und Kulturzentrum d'Coque spannt einen Bogen von der Kunst hin zur Körperkultur*

sollte man sich das gigantische Kunstwerk „**Delphi heliotroph**" des Künstlers **A. R. Penck** in der zentralen Halle auf keinen Fall entgehen lassen. Im ersten Moment glaubt man, einen gewaltigen Dinosaurier vor sich zu haben. Die monumentale, neun Meter hohe Skulptur ragt bis weit über die erste Etage hinaus. Die Damen an der Rezeption händigen gerne eine dazugehörige Informationsschrift aus.

★**123** [gi] **Römerweg-Park.** Weiter führt der Kirchberg-Rundgang über den Boulevard Konrad Adenauer links hinüber in den Römerweg-Park. Der von Bäumen gesäumte schnurgerade Parkweg führt an zwei Kunstwerken ohne Namen vorbei, die der Bildhauer Ulrich Rückriem

geschaffen hat. Auch wer die begleitenden geschlängelten Waldpfade nimmt, kommt wieder zurück auf den Hauptweg, dessen Bäume in sechs verschiedenen Sprachen (inkl. Luxemburgisch und Deutsch) benannt sind. Der Römerparkweg führt westlich zu einem großen See, der teilweise mit Seerosen aufwarten kann. Dieser **Regenwassersee** wurde von Peter Latz konzipiert und mit dem Kunstwerk der ungarischen Künstlerin Marta Pan namens „Trois Îles" verschönert. Die **große Seewiese** lädt in der warmen Jahreszeit zum Faulenzen oder Spielen ein. Unweit davon finden sich einige, von den Luxemburgern gern benutzte Boulebahnen und einer der bel(i)ebtesten Abenteuerspielplätze der Stadt. Eine Sommerterrasse mit Blick auf den See und das Zentrum d'Coque gehören zu den wenigen Punkten, die im und am Park auch für Gaumenfreuden sorgen.

055lu Abb.: jr

Sport- und Kulturzentrum d'Coque

Bereits im Jahre 1982 wurde auf dem Kirchberg ein olympisches Schwimmbad mit einer **eindrucksvollen Dachkonstruktion** errichtet. Das heutige nationale Sport- und Kulturzentrum d'Coque erinnert mit seiner markanten geschwungenen Form von außen entfernt an eine Auster. Die konische Überdachung ist das Werk des Pariser Architekten **Robert Tallibert.** Neben Konzerten in der riesigen Kulturhalle findet man im d'Coque auch ein Hallenschwimmbad, Saunen, Fitnesszentren und u. a. einen Indoor-Cycling-Parcour.

● **124** [fj] **Centre National Sportif et Culturel (d'Coque),** Rue Léon Hengen 2, Tel. 6060222, www.coque.lu

▲ *Der Natur auf ihre Formen geschaut: „L'Africaine"*

▲ *Knoten im Revolverlauf: das Friedenskunstwerk „Non Violence"*

▲ *Wahrlich keine einfache Sitzgelegenheit: das Kunstwerk „Der Stuhl"*

★**125** [fj] **L'Africaine.** Der bekannteste luxemburgische Bildhauer **Lucien Wercollier** darf im Kultur- und Kunstpark Kirchberg natürlich auch nicht fehlen. Eines seiner besonders beeindruckenden Werke sieht man oberhalb des Sees auf einem Hügel, direkt vor der Europaschule. Die Bronzestatue L'Africaine aus dem Jahr 1993 ist vom Schaffen des Bildhauers Constantin Brâncuşi inspiriert und gilt als eines der Meisterwerke des einst von den Nazis inhaftierten Künstlers Wercollier.

★**126** [fk] **Non Violence.** Geht man rechts am Sport- und Kulturzentrum d'Coque vorbei und die Rue Alcide Gaspary hinunter, so kommt man nach der Wirtschaftskammer rechterhand zu einem weltweit bekannten und immer wieder gern kopierten pazifistischen Kunstwerk: „Non Violence", ein **Revolver mit verknotetem Lauf.** Das Original des einprägsamen Werkes von **Carl F. Reuterswärd** stand einst in Luxemburg, wurde dann von der luxemburgischen Regierung 1988 an die UNO verschenkt und steht nun vor dem UN-Hauptquartier in New York City.

Gleich rechts um die Ecke, an der Rue du Fort Niedergruenewald sieht man das Werk mit dem einprägsamen Titel „Kopf", eine rostige Stahlkonstruktion von Jeannot Bewing.

★**127** [ek] **Der Stuhl.** Wirklich nicht zu übersehen ist das Kunstwerk „Der Stuhl" am Boulevard Konrad Adenauer. Ähnlich wie bei der Skulptur „Der lange Banker" arbeitete auch die Künstlerin **Magdalena Jetelovà** hier mit dem **optischen Trick der Vergrößerung.** Der überdimensionale Stuhl aus dem Jahr 2000 hat bis heute nichts von seiner Faszination verloren.

PRAKTISCHE REISETIPPS

005lu Abb.: jr

AN- UND RÜCKREISE

MIT DEM AUTO

Aus dem Osten, von **Trier** kommend, fährt man über die **A1** in die Stadt Luxemburg. Gleich nach dem Grenzübergang gelangt man an die **Tankstelle Wasserbillig,** die europaweit mit Abstand den meisten Umsatz macht. Auf sechs verschiedenen Spuren stehen hier die Autos Schlange. Der Einsatz lohnt: Pro Liter ist das Benzin oder der Diesel hier grundsätzlich 30 bis 40 Cent billiger als in Deutschland. Anschließend gibt es drei mögliche Abfahrten nach Luxemburg-Stadt:

> **Abfahrt „Kirchberg":** Ideal, um direkt ins Europaviertel auf dem Kirchberg-Plateau zu gelangen. Von hier gelangt man direkt zur Roten Brücke **38** und zum Parkplatz auf dem Glacis.
> **Abfahrt „Sandweiler":** Hinter der Abfahrt Kirchberg gelangt man auf der A1 durch den Tunnel Cents (310 m Länge). Die folgende Abfahrt Sandweiler führt u. a. direkt zur Avenue de la Gare und damit zum Hauptbahnhof.
> **Abfahrt „Gaspericher Kreuz":** Von hier geht es weiter auf die nördlich führende A3, die in die Südstadt führt, nach Hollerich, nach Bonneweg und ins Bahnhofsviertel Gare.

Von Saarbrücken aus gelangt man über die **A8** nach Luxemburg. Ab dem Grenzübergang bei Schengen verändert sich allerdings der Name der Autobahn zur **A13.** Am Croix de Bettembourg wechselt man von der A13 auf die in den Norden führende A3, die in den Süden der Stadt führt.

MIT DER BAHN

Der **Hauptbahnhof Luxemburg-Stadt** **26** heißt auf Französisch *Gare Centrale* und auf Luxemburgisch *Gare Lëtzebuerg*. Sämtliche Fernzüge aus Deutschland, Belgien und Frankreich enden an diesem zentralen Bahnhof in der Innenstadt von Luxemburg. Es gibt keine Haltestellen in den Vororten der Stadt. Derzeit (Ende 2010) wird der Hauptbahnhof unter dem Projektnamen **„Luxemburg-Central"** großflächig umgestaltet.

Vom Hauptbahnhof aus kann man mit den öffentlichen Bussen der Stadt in die Innenstadt weiterfahren.

> **Fahrplanauskünfte:** Tel. 345867

MIT DEM BUS

Generell fahren die Busse der nationalen Linie der **RGTR** (Régime général des transports routiers) täglich mehrmals von Deutschland nach Luxemburg und natürlich auch wieder zurück. Diese Busgesellschaft unterhält auch Verbindungen zwischen Luxemburg-Stadt und allen anderen größeren luxemburgischen Städten. Die genaue und aktuelle Streckenführung kann man sich auf folgender Website genau ansehen und ausdrucken:

> www.voyages-weber.lu/de/bus

Auch die luxemburgische Staatsbahn **CFL** (Chemins de Fer Luxembourgeois) unterhält eine eigene Buslinie, die zwischen Deutschland und Luxemburg pendelt (Linien CFL 30 A und CFL 30 R). Die beiden direkt von den

▶ *Der Flughafen Luxemburg-Findel liegt nur etwa 10 Autominuten von Luxemburgs Innenstadt entfernt*

Bussen der CFL angefahrenen Städte sind **Trier und Saarbrücken**. Die Busanschlüsse in andere deutsche Städte kann man hier einsehen:

› www.sales-lentz.lu/mobilitaetswelt/horaires

MIT DEM FLUGZEUG

Der **Flughafen Luxemburg** heißt nach einer kleinen Ortschaft in der unmittelbaren Nähe auch „**Findel**". Er liegt gerade einmal 10 Autominuten entfernt im Osten der Stadt. Auch das deutsche Trier ist mit dem Flughafen gut angebunden: Vom Flughafen Findel sind es lediglich 30 Autominuten in die Trierer Innenstadt.

Durch die Stadtnähe zu Trier und Luxemburg herrscht ein absolutes **Nachtflugverbot**. Billigflieger wird man auf dem Flughafen Luxemburg vergeblich suchen, er wird in erster Linie von großen internationalen Fluglinien angeflogen. Von Deutschland aus fliegen die Fluggesellschaften Swiss, KLM, Lufthansa und Luxair (Luxemburgs nationale Fluggesellschaft) direkt nach Luxemburg. Von der Schweiz (Zürich) fliegt die Swiss und von Österreich (Wien) die Luxair direkt nach Luxemburg

› **www.lux-airport.lu**
› Telefonische Flughafenauskünfte erhält man aus dem Ausland unter Tel. 00352 24565050.
› Die **Buslinie 16** fährt morgens von 5.34 bis abends um 22.24 alle 10 Minuten vom Hauptbahnhof zum Flughafen Findel und wieder zurück, **Buslinie 115** fährt von morgens 5.38 Uhr bis abends um 21.24 Uhr alle 10 bis 20 Minuten dieselbe Strecke.
› Eine **Taxifahrt** von der Innenstadt zum Flughafen Findel kostet 25–30 €.

Wer lieber günstig fliegt, sollte eine Landung auf dem **Flughafen Frankfurt-Hahn** (Hunsrück) ins Auge fassen, der von der Billigfluggesellschaft Ryanair angeflogen wird. Die Fahrt von Hahn nach Trier erfolgt mit Zubringerbussen und dauert ca. 50 Minuten.

059lu Abb.: jr

❯ **Busse von Frankfurt-Hahn nach Luxemburg:** Infos unter www.flibco.com und beim Reisebüro Sales-Lentz, Rue du Curé 28, Tel. 4618181, www.saleslentz.lu. Die Kosten für eine Fahrt liegen je nach Auslastung des Busses bei mindestens 5 €, höchstens aber 17 €.

AUTOFAHREN

Autofahren im Stadtzentrum von Luxemburg sollte man sich, sofern man kein innerstädtisches Hotel mit eigener Parkfläche gebucht hat, sparen. Alles Sehens- und Erlebenswerte ist gut zu Fuß oder bequem und günstig mit den städtischen Buslinien zu erreichen. Insbesondere die Unterstädte Grund, Clausen und Pfaffenthal sollte man mit Auto meiden.

Auf der Suche nach einem freien **Parkplatz** kann man in der City des Öfteren verzweifeln. Das Parken auf dem Kirchberg ist im **Parkhaus Auchan** ⓰ die ersten drei Stunden kostenfrei. Auf dem Parkplatz auf dem Glacis [C1/2] beträgt die Parkdauer nur zwei Stunden. Finanziell am günstigsten fahren Autofahrer, indem sie ihr Fahrzeug auf einem der **Park-and-Ride-Plätze** vor der Stadt abstellen und mit den öffentlichen Verkehrsmitteln in die Innenstadt fahren.

❯ Auf der Webseite **www.vdl.lu** sollte man sich nicht davon abschrecken lassen, dass sie nur auf Französisch verfasst ist. Unter „Parking" kann man sich im Balkendiagramm die **aktuelle Belegung aller Parkhäuser** in Echtzeit anzeigen lassen. Zu sehen ist die Belegung der Parkhäuser im Zentrum, am Bahnhof, am Kirchberg und der Park-and-Ride-Plätze.

Die Benutzung der Autobahnen in Luxemburg ist für Pkws **mautfrei.** Autofahrer müssen eine **Warnweste** mitführen. Die **Geschwindigkeitsbegrenzung** auf der Autobahn beträgt 120 km/h, auf Landstraßen 90 km/h, in Ortschaften 50 km/h. Die **Promillegrenze** liegt bei 0,3 ‰.

BARRIEREFREIES REISEN

Obwohl die Stadt Luxemburg topografisch auch für Menschen ohne Behinderung bereits eine Herausforderung sein kann, können Menschen mit Behinderungen die Innenstadt generell problemlos erkunden. Alle **Museen und Sehenswürdigkeiten** verfügen über entsprechende **Rampen oder Fahrstühle** für Rollstuhlfahrer oder gehbehinderte Personen. Für blinde oder sehbehinderte Personen gibt es an Kreuzungen und Fußgängerübergängen **Sonderknöpfe mit Vibrationsalarm oder Signalgeber.**

Viele **Stadtbusse** haben ausklappbare Rampen mit geringer Neigung, einige verfügen über hydraulische Systeme, die die Bushöhe verändern können. Benötigt man Hilfe, sollte man sich direkt an die Busfahrer wenden. Die Busse der Hop-on-hop-off-Tour (s. S. 124) sind grundsätzlich behindertengerecht ausgestattet. Die **Unterstadt** ist per Fahrstuhl am Heiliggeist-Plateau zu erreichen (s. S. 59).

Der **Hauptbahnhof** ⓰ in Luxemburg befand sich bei Redaktionsschluss noch im Umbau. Hier sind ebenfalls Lifts und Rampen für ein barrierefreies Reisen vorgesehen.

❯ **Informationen** rund um die behindertengerechte Fortbewegung in der Stadt Luxemburg erhält man unter Tel. 457575.
❯ **Tür-zu-Tür-Transport** ist in Luxemburg für Menschen mit Behinderung durch

den sogenannten **Rollibus** möglich. Es handelt sich um eigens für den Behindertentransport ausgestattete Busse mit Stellflächen für vier Rollstühle. Den Rollibus-Service erreicht man zwischen 8 und 17 Uhr unter Tel. 47962810 oder 47962975. Der Preis pro Fahrt beträgt 1,20 € pro Person.

> Die **Zeitung „Luxemburger Wort"** hat eine **Internetseite für sehbehinderte oder blinde Personen** eingerichtet: **www.wort.lu.** Durch den Einsatz einer Software können die Texte der Zeitung in Sprache umgewandelt werden. Texte können direkt vorgelesen oder als Aufnahme im MP3-Format zum späteren Abhören gespeichert werden.

DIPLOMATISCHE VERTRETUNGEN

● **128** [C3] **Deutsche Botschaft,** Avenue Émile Reuter 20–22, Tel. +352 4534451, www.luxemburg.diplo.de, Mo–Fr 9–12, Do 14–16.30 Uhr. „Häerzlech wëllkomm bei der däitscher Ambassad zu Lëtzebuerg" heißt es auf den Faltblättern, die man in der Deutschen Botschaft in Luxemburg erhält. Die Rechts- und Konsularabteilung bietet deutschen Staatsangehörigen, die im Gastland unverschuldet in Not geraten sind, Rat und Hilfe. Für dringende Notfälle ist außerhalb der Dienstzeiten, an Wochenenden und Feiertagen ein Bereitschaftsdienst eingerichtet. Unter der Rufnummer Tel. 453451 erfährt man, wie man diesen erreichen kann.

● **129** [D3] **Österreichische Botschaft,** Rue des Bains 3, Tel. +352 471188, Mo–Fr 10–12.30 Uhr

● **130** [D3] **Schweizerische Botschaft,** Forum Royal, Boulevard Royal 25a, 3. Stock, Tel. +352 2274741, Mo–Fr 8.30–11.30 Uhr

GELDFRAGEN

Luxemburg als EU-Hauptstadt ist selbstverständlich **Euro-Land.** Der Besuch von Wechselstuben erübrigt sich damit.

Täglich kommen Tausende von Besuchern nach Luxemburg, um hier **billig zu tanken,** günstig **Kaffee, Schokolade** und vor allem **Zigaretten** einzukaufen. Luxemburg ist also **partiell günstig.**

Dennoch ist Luxemburg **keine billige Stadt.** Besucher, die hier nach Schnäppchen suchen, sind schlichtweg am verkehrten Ort. Doch Luxemburg-Stadt muss nicht teuer sein. Die Luxusausgabe einer Jugendherberge (s. S. 129) im Tal der Alzette hat bereits mehrere europäische Preise gewonnen und selbst ein Einzelzimmer ist hier noch für etwa 50 € zu bekommen. Ein **Hotelzimmer** in dieser Preisklasse ist in Luxemburg-Stadt allerdings nirgends zu finden. Für Tagesausflügler, die sparen wollen, empfiehlt sich das grenznahe deutsche Ausland. Hier sind Doppelzimmer noch für unter 80 € zu haben.

Essen gehen war in Luxemburg früher gleichbedeutend mit gut, viel und billig. Gut ist das Essen zwar immer noch, große Portionen allerdings findet man heute nur noch in ausgewählten luxemburgischen Lokalen und kleine Preise sehr selten. Doch es muss ja nicht der Luxusitaliener Mosconi (s. S. 24) sein, wo die Portion Spaghetti nicht für unter 25 € zu haben ist. Nicht nur Kneipen im Stadtteil Limpertsberg bieten mittags preiswerte Suppen und schnelle Gerichte an, überraschenderweise findet man gerade in der Gegend rund um den Großherzoglichen Palast ❽ meist einen günstigen Mittagstisch. Auch in sehr guten

LUXEMBURG PREISWERT

Wer bei seinem Besuch in Luxemburg gerne einige Museen und die Bockkasematten besuchen möchte, sollte sich die **LuxembourgCard** besorgen (s. S. 131). Sie berechtigt je nach Ausführung ein, zwei oder drei Tage lang zur kostenlosen Benutzung aller öffentlichen Verkehrsmittel und zum freien Eintritt in über 60 Sehenswürdigkeiten im Großherzogtum Luxemburg.

Im Sommer finden zahlreiche **Gratiskonzerte** auf dem Place d'Armes ❿ und dem Place Guillaume II. ⓲ statt, so z. B. im Rahmen des Festivals **Summer in the City,** am Nationalfeiertag, während des Musikfestivals **Rock um Knuedler** und der **Blues'n Jazz Rallye** (s. S. 12).

Der **City Night Bus** (s. S. 32) verkehrt freitags und samstags kostenlos im 15-Minuten-Takt zwischen Lokalen, Diskotheken und Kinos hin und her.

Neben den grundsätzlich **kostenlosen Stadtmagazinen** (s. S. 116) werden auch die **Tageszeitungen Point24** (in vorwiegend deutscher Sprache) und

L'Essentiel (in französischer Sprache) am Hauptbahnhof und anderen gut besuchten Plätzen der Stadt grundsätzlich gratis verteilt.

Verschiedene **Museen und Galerien** bieten an manchen Tagen bzw. zu bestimmten Tageszeiten Vergünstigungen oder sogar freien Eintritt an:

❯ **Musée National d'Historie et d'Art** ❼: Täglich freier Eintritt von 18–20 Uhr.

❯ **Straßenbahn- und Busmuseum** (s. S. 39): Eintritt frei.

❯ **Bankenmuseum** (s. S. 38): Eintritt frei.

❯ **Casino Luxembourg** ⓮: Donnerstag freier Eintritt ab 18 Uhr.

❯ **Galerie am Tunnel** ㉔: Eintritt frei.

❯ **MUDAM** ㊶: Für Jugendliche unter 18 Jahren freier Eintritt.

▲ Kostenlose Unterhaltung: Pantomime beim jährlich stattfindenden Festival „Summer in the City"

Restaurants bekommt man die *Bouneschlupp*, die gehaltvolle Bohnensuppe, für etwa 10 €.

Besonders empfehlenswert und preisgünstig isst man übrigens in einigen **Metzgereien** und natürlich beim **Portugiesen.** Wer abends billig speisen möchte, sollte sich tagsüber im Kaufparadies Auchan **43** günstig **mit Käse und Baguette versorgen.**

Die Preise für Mode und Accessoires sind nichts für Schnäppchenjäger, denn sie können in der Luxemburger Innenstadt gut und gerne mit denen in Moskau, Paris oder Mailand konkurrieren.

INFORMATIONS-QUELLEN

INFOSTELLEN IN DER STADT

Erste Anlaufstelle ist das zentral gelegene **Luxemburg City Tourist Office (LCTO)** am Knuedler. Die kompetenten Mitarbeiter wissen auf die meisten Fragen hilfreiche Antworten und haben viel Informationsmaterial zur Hand, unter anderem kostenlose Innenstadtpläne. Sehr empfehlenswert ist auch die ausführliche, allerdings kostenpflichtige Faltkarte der Stadt Luxemburg, die man ebenfalls hier erhält. Die Mitarbeiter der Touristeninformation verkaufen auch Fahrkarten und kümmern sich um Führungen in der Stadt (s. S. 124).

Wer sich über Sehens- und Staunenswertes im Land Luxemburg informieren möchte, sollte sich an das **Office National du Tourisme (ONT)** im Hauptbahnhof wenden. Auch hier sind zahlreiche Informationsmaterialien erhältlich. Das ONT erteilt keine Auskünfte über Fahrzeiten und

Fahrpläne, Informationen über das öffentliche Verkehrsnetz erhält man gleich nebenan bei der Bahn.

❶131 [D3] **Luxemburg City Tourist Office,** Place Guillaume II. 30, Tel. 222809, April–Sept. Mo–Sa 9–19, So 10–18 Uhr, Okt.–März Mo–Sa 9–18, So 10–18 Uhr

❶132 [E7] **Office National du Tourisme,** Hauptbahnhof, Tel. 42828220, Mo–Sa 9–18, So 10–18 Uhr

LUXEMBURG IM INTERNET

❯ **www.lcto.lu:** Offizielle Website des städtischen Touristenbüros mit vielen Informationen zu aktuellen Veranstaltungen, zu Kultur, Nightlife, Sehenswürdigkeiten, Unterkünften und Restaurants der Stadt Luxemburg. Einige Videos laden zum visuellen Entdecken der Stadt ein.

❯ **www.ont.lu:** Der offizielle Internetauftritt des nationalen Touristenbüros beschäftigt sich mit Attraktionen, Urlaubsangeboten und Veranstaltungen im gesamten Großherzogtum.

❯ **www.vdl.lu:** Die Website der Stadt (Ville de Luxembourg) ist unschlagbar, wenn es um wichtige aktuelle Informationen geht. So werden hier in Echtzeit die derzeitigen Umleitungen, Baustellen oder die aktuelle Belegung der Parkhäuser angezeigt.

❯ **www.diegrenzgaenger.lu:** Eine nicht nur für Pendler zwischen Deutschland und Luxemburg sehr interressante Seite. Neben aktuellen kulinarischen Tipps, Einkaufsempfehlungen und Jobangeboten findet man hier auch Neues zum Thema Busreisen und günstige Wohnangebote für diejenigen, die die Stadt Luxemburg etwas ausführlicher kennenlernen möchten.

❯ **www.agendalux.lu:** Wunderbare und immer topaktuelle Website über aktuelle Veranstaltungen in der Stadt Luxemburg. Leider gibt es diese Seite nur in französischer Sprache.

PUBLIKATIONEN UND MEDIEN

Stadtmagazine

Alle hier aufgeführten Stadtmagazine inklusive **aktuellem Veranstaltungskalender** sind kostenlos erhältlich:

> **City Magazine Luxemburg**
> **Nightlife**
> **Ons Stad**
> **Luxuriant** (auf Französisch)

Tageszeitungen

Alle luxemburgischen Tageszeitungen und Wochenzeitungen enthalten Artikel in deutscher, französischer und gelegentlich auch luxemburgischer Sprache.

> **Luxemburger Wort:** Die führende Tageszeitung in Luxemburg erschien zeitweilig unter dem lustigen Kürzel „d'Wort" (www.wort.lu).

> **Tageblatt, Zeitung fir Lëtzebuerg:** zweitgrößte Tageszeitung des Landes (www.tageblatt.lu)

> **Lëtzebuerger Journal:** liberales Blatt (www.journal.lu)

> **Point24:** vorwiegend deutschsprachige Gratiszeitung

> **L'Essentiel:** Gratiszeitung in französischer Sprache (www.lessentiel.lu)

Radio

Die Radiosender der Hauptstadt strahlen ihr Programm hauptsächlich in Lëtzebuergesch aus – eine her-

---

MEINE LITERATURTIPPS

> *Georges Hausemer:* **Mit dem Großherzog am Mittagstisch. Luxemburger Grenzgänge,** *Picus Verlag, Wien 2009. Kurze skurrile, oft lustige Geschichten, z. B. über eine der schwächsten Fußballligen der Welt, über die luxemburgische Kochkunst, die spannende Welt der luxemburgischen Portugiesen und natürlich über den Großherzog.*

> *Roger Manderscheid:* **Tschako klack,** *Gollenstein Verlag 1997. Vorwort von Ludwig Harig, erschien auf Deutsch und Luxemburgisch. Eine wunderbare Gelegenheit, Spannendes über die luxemburgische Geschichte von einem großartigen Schriftsteller zu erfahren, der leider im Juni 2010 verstorben ist. Der Roman „Tschako klack" wurde auch verfilmt.*

> *Roger Manderscheid:* **Der Papagei auf dem Kastanienbaum,** *Gollen-stein Verlag 1999. Manderscheid beschreibt in seinem amüsanten Roman das für ihn wesentliche Charakteristikum seines kleinen Landes, einerseits exotisch und international, andererseits bodenständig und ländlich zu sein.*

> *Guy Helminger:* **Neubrasilien,** *Eichborn Verlag, Frankfurt 2010. Helminger beschreibt in zwei Erzählsträngen die Abenteuer einer luxemburgischen Familie, die sich 1828 (erfolglos) auf den Weg nach Brasilien macht, und das Schicksal einer montenegrinischen Familie, die 170 Jahre später in Luxemburg um Asyl bittet. Trotz der zeitlichen Diskrepanz besteht eine spannende Ähnlichkeit zwischen den beiden Familienschicksalen. Wunderbar geschriebene Literatur und hervorragende Sozialstudie in einem.*

vorragende Option für alle, die ihre Kenntnisse in der Landessprache verbessern möchten.

› **Radio 100,7** (Frequenz 100,7 MHz) ist ein sehr informativer Radiosender, der seine Sendungen in der Landessprache Lëtzebuergesch ausstrahlt. Neben dem halbstündigen *Noriichteniwwerbléck* gibt es viel Kultur auf diesem Sender und immer wieder stellt man sich in einem Programmblock die Frage: Wohin gehst du, Luxemburg? – Lëtzebuergesch – Quo vadis?

› **Radio ARA** (Frequenz 103,3 und 105,2 MHz): Eine Alternative zum üblichen Radioprogramm ist dieser kultige Sender. Auch ein Besuch im kleinen Studio lohnt sich. Man findet den Eingang zum Radio ARA direkt neben dem beliebten Kneipen-Restaurant Urban (s. S. 32) in der Rue de la Boucherie 2.

› **RTL Radio** (Frequenz 93,3 und 97,0 MHz) nennt sich der Radiosender, dessen berühmtes Kürzel RTL mittlerweile eher als Fernsehsender bekannt ist. Aber natürlich macht RTL auch weiter hörbaren Rundfunk, auch in deutscher Sprache.

› **Radio Gutt Laun** (Frequenz 106 MHz). Der „Gute-Laune-Sender" strahlt seine Programme auf Luxemburgisch aus.

INTERNET UND INTERNETCAFÉS

Die folgenden WLAN-Hotspots auf öffentlichen Plätzen und Bistros sind kostenlos. In den Bistros und Cafés wird bei Internetnutzung allerdings ein Verzehr bzw. der Kauf eines Getränkes vorausgesetzt.

@**133** [D3] **Coffee Lounge**, Rue de la Poste 28, Tel. 26202101

› **Flughafen Findel** (s. S. 111), Betreiber P&T Luxemburg

› Kostenpflichtig ist das **CyberCafé im Restaurant Chiggeri** (s. S. 26).

MEDIZINISCHE VERSORGUNG

Auch wenn Luxemburg nicht weit weg liegt und man ja schnell wieder zu Hause ist, empfiehlt sich für Besucher aus Deutschland, Österreich und der Schweiz auf jeden Fall eine – meist recht günstige – **Auslandsreisekrankenversicherung.**

Die neueste Errungenschaft medizinischer Betreuung in Luxemburg sind die **Maisons Médicales.** Diese Ärztehäuser garantieren auch nachts, an Wochenenden und an Feiertagen eine medizinische Grundversorgung.

✚**134** [D6] **Maison Médicale**, Rue Michel Welter 57, Tel. 112. Wer nachts Beschwerden hat, ruft die 112 an und wird direkt an einen Arzt vermittelt, der telefonisch beraten kann oder einen Haus- bzw. Hotelbesuch macht.

✚**135** [bk] **Hôpital Municipal**, Rue Ernest Barblé 4, Tel. 441111. Zentrale Anlaufstelle bei allen Beschwerden, Krankheiten oder Verletzungen ist dieses Städtische Krankenhaus mit angeschlossener Kinderklinik.

✚136 [ei] **Clinique d'Eich,** Rue d'Eich 78, Tel. 441112. Sehr zentral gelegenes Krankenhaus.

Zentral gelegene Apotheken:

✚137 [D3] **Pharmacie Stumper,** Rue des Capucines 3, Tel. 223062. Zentral gelegene Apotheke in der Fußgängerzone.

✚138 [D3] **Pharmacie Georges Schroeder,** Rue Aldringen 23. Apotheke an der Hauptpost.

✚139 [C1] **Pharmacie de Limpertsberg,** Avenue Victor Hugo 1, Tel. 227284. Apotheke direkt am Glacis-Platz.

MIT KINDERN UNTERWEGS

Die Stadt Luxemburg ist **ausgesprochen kinderfreundlich.** Die innerstädtischen Parks und Spielplätze sind oft derartig interessant gestaltet, dass man ab und an auch Erwachsene auf dem Piratenschiff im Parc Central oder dem Flying Fox am Kirchberg sehen kann. Die **beste Jahreszeit,** um Luxemburg mit Kindern zu besuchen, ist zweifelsfrei der **Sommer,** denn dann bietet die Stadt auch im Herzen der Stadt viele Aktivitäten für Kinder an.

ATTRAKTIONEN

› **Kanner in the City:** Jedes Jahr im Juli veranstaltet die Stadt Luxemburg unter dem Motto „Kinder in der Stadt" Spiele und Animationen mitten in der Altstadt. Der Place Guillaume II. **⑰** und der Place d'Armes **⑩** verwandeln sich dabei in eine gigantische Spielwiese.

› Für Kinder (bis zum 14. Lebensjahr) bietet die Stadt Luxemburg zweistündige geführte **City-Safaris** an. Kinder ohne Begleitung werden zum Ausgangspunkt zurückgebracht. Auskünfte hierzu

061lu Abb.: jr

erhält man bei der Touristeninformation (s. S. 115).

❯ **Maach Theater!,** Théâtre National (s. S. 36). Dieses Theater erlaubt es Jugendlichen, selbst einmal die Bühnenbretter zu betreten und in Workshops mit Schauspielern, Regisseuren, Bühnen- und Kostümbildnern eigene Stücke aufzuführen. Regelmäßige Aufführungen für Kinder und Jugendliche.

↻**140** [cl] **Kannerbühn,** Les Ateliers TNL, Avenue 10. September 166. Die Kannerbühn ist ein Kindertheater für Kinder von 8 bis 12 Jahren, funktioniert aber nach dem gleichen Prinzip wir das Maach Theater!. Es arbeitet mit dem französischsprachigen Kindertheater „Enfants sur scène" zusammen. Regelmäßige Aufführungen im Stadtteil Belair.

●**141** **Märchenpark Bettembourg,** Route de Mondorf, Tel. 5110481, www.parc-merveilleux.lu, 27.3.–10.10. tgl. 9.30–19 Uhr, Erwachsene 8 €, Kinder 5 €. Der Märchenpark liegt außerhalb von Luxemburg-Stadt, lohnt aber die halbstündige Anfahrt mit dem Zug oder Auto. Über 200.000 Besucher kommen jedes Jahr in die auf Französisch „Parc Merveilleux" genannte Zauberlandschaft. Ein Tierpark mit Amazonas-Tropenhaus und Madagaskar-Haus zeigt Tiere aus allen Kontinenten und gleich nebenan kann man den gestiefelten Kater im Erlebnispark in Aktion sehen.

❯ **Spiellandschaft Parc Central:** Auf dem Kirchberg, direkt am See, befindet sich einer der schönsten Spiel- und Erlebnisplätze für Kinder. Mit Kletterturm, Flying Fox (Seilrutsche) und einigen wunderschönen Sandboule-Bahnen für etwas größere Kinder.

❯ Ein originalgetreues **Piratenschiff** mit vielen Kletter- und Rutschgelegenheiten finden die Kleinen im Stadtpark. Man sieht es schon von Weitem, wenn man den Park von der Avenue Monterey [C3/4] aus betritt.

●**142** [bj] **Abenteuerspielplatz,** Rue des Sept Fontaines 39. **Den schönsten Abenteuerspielplatz** der Stadt mit Karussell, Spielschiff, Drehrädern, Rollschuhpiste und vielem mehr findet man im Wald von Luxemburg, den man auch *Bambësch* nennt.

NOTFÄLLE

NOTRUFNUMMERN

❯ **Polizei:** Tel. 113 und 112
❯ **Feuerwehr/Rettungsdienst:** Tel. 112
❯ **Ärztliche Notdienstnummer:** Tel. 112

Die Zuständigkeit der **Notfallapotheken** wechselt. Im Fenster jeder Apotheke sind die jeweils zuständigen Apotheken aufgelistet.

KARTENVERLUST

Deutsche Kunden, die ihre **Kreditkarte,** die **Maestro(EC)-Karte** oder ihr **Handy** verloren haben, können sie über die **zentrale Sperrnummer Tel. 0049 116116** blockieren lassen. Für **Österreicher und Schweizer** wird dieser Service vorerst nicht angeboten, deshalb sollten sie sich vor der Reise über die jeweiligen Sperrnummern informieren.

❯ www.sperr-notruf.de

◀ *Den Nachwuchs freuts: Karussell am nördlichen Eingang des Einkaufszentrums Auchan* **43**

POST UND TELEFON

Falls jemand eine der guten alten Telefonzellen benötigt und/oder gerade kein funktionstüchtiges Handy zur Hand hat, so findet er direkt am zentralen Hauptpostamt in der Rue Aldringen (s. u.) sechs sehr moderne Telefonkabinen.

VORWAHLEN

In Luxemburg gibt es **keine Ortsvorwahlen**. Die **internationale Telefonvorwahl** Luxemburgs lautet **00352**.

POSTÄMTER IM ZENTRUM

- ✉ **143** [D3] **Hauptpostamt**, Rue Aldringen 25, Tel. 47654451, Mo – Fr 7 – 19 Uhr, Sa 7 – 17 Uhr
- ✉ **144** [E7] **Postamt am Hauptbahnhof**, Place de la Gare 38, Tel. 40887610, Mo – Fr 6 – 19 Uhr, Sa 6 – 12 Uhr
- ❯ Standard-Karten und -Briefe kosten für den gesamten EU-Raum und die Schweiz 0,85 € **Porto**.

RADFAHREN

Fahrradfahren ist in Luxemburg **Nationalsport!** Es gab bereits einige luxemburgische Tour-de-France-Sieger und mit den Gebrüdern Andy und Fränk Schleck sowie Kim Kirchen fährt man auch gegenwärtig wieder ganz vorne mit. Fahrrad zu fahren ist in der Stadt auch für die Besucher eine sportliche Herausforderung, denn das hügelige Gelände verlangt einiges ab.

Doch ein Fahrradausflug ist auch ohne große Anstrengung möglich. Zu empfehlen ist vor allem die **idyllische Fahrt entlang der Alzette** hinüber zum **Hesperinger Schloss**. Die 7 bis 8 Kilometer lange Strecke führt in südlicher Richtung an schönen alten Gärten entlang. Die alternative **Tour entlang der Pétrusse** ist nur etwa 2 bis 3 km lang. Das Tal ist wunderschön und ruhig – aber am Ende des Tals geht es dann sehr steil bergauf.

Das Luxembourg City Tourist Office (s. S. 115) verteilt einen kostenlosen Faltplan namens „**Bike Promenade**", in dem die Fahrradwege Luxemburgs eingezeichnet sind.

- ❯ **Vel'oh!** Fahrrad heißt auf Luxemburgisch *Velo* – und Vel'oh! ist der bekannteste und größte Fahrradverleiher der Stadt. Die überall in der Stadt zu sehenden Fahrradstationen sind 24 Stunden am Tag und sieben Tage in der Woche geöffnet. Die Fahrradmiete beträgt 1 € am Tag. Man wirft den Betrag an den Säulen als Münzen ein oder bezahlt mit der Kreditkarte. Auf dem Stand gibt man die Nummer des Fahrrads an, das man haben möchte, und dann wird es aus der Magnetklemme befreit. **Verleihstellen** von Vel'oh! im Zentrum gibt es u. a. am Theaterplatz, am Knuedler, am Rosengärtchen, am Denkmal Gëlle Fra, an der Roten Brücke und am Hauptbahnhof. Weitere Informationen erhält man unter www.veloh.lu oder über die kostenlose Hotline 00352 80061100.
- ❯ Die dem Verband **Bett & Bike** angeschlossenen luxemburgischen Hotels nehmen Rad fahrende Gäste auch für nur eine Nacht auf, verfügen über Unterstellmöglichkeiten für Räder und Trockner für eventuell nasse Kleider. In der Stadt ist bislang nur die Jugendherberge (s. S. 129) dem Verband angeschlossen.

▶ *Farbenspiele an der Theke der Schwulenbar Le PM*

SCHWULE UND LESBEN

Grundsätzlich ist Luxemburg eine sehr tolerante und somit auch **queerfreundliche Stadt**. Die jährlich im Sommer auf dem Place d'Armes stattfindende Schwulen- und Lesbenparade namens **Gaymat** ist das luxemburgische Pendant zum Christopher Street Day. Der Name Gaymat ist eine kreative Wortschöpfung, die für Ohren, die des Luxemburgischen mächtig sind, so klingt wie „Geh mit!" Auch die Bezeichnung für die Luxemburger Schwulenbewegung ist sehr pfiffig: Rosa Lëtzebuerg!

Aufgrund der teuren Mieten in der Innenstadt wechseln die Discos, Cafés und Bars der lokalen Homoszene recht häufig den Besitzer – und damit meist auch den Namen und das Interieur. So sucht man nach bekannten Treffpunkten, die im Internet zu finden sind, oftmals vergebens. Das „Chez Mike" gibt es beispielsweise nicht mehr, auch wenn viele Anhänger dieser berühmten Bar es nicht wahrhaben wollen. Allerdings gibt es das „Le Petit Manoir" noch, auch wenn man den Namen auf der Fassade in der Altstadt vergeblich sucht. Der neue Besitzer nennt es jetzt nur kurz und knapp „Le PM".

Die meisten Klubs und Bars findet man in der Nähe des Hauptbahnhofs und in einigen kleinen Gassen der Altstadt.

❶145 [E3] **Le PM,** Rue de l'Eau 24, Tel. 27281474. In unmittelbarer Sichtweite des Terrassenrestaurants Art-Scene und gleich neben dem Haus mit dem Kopf des lachenden Dämons liegt diese kleine Bar. Die drei Stufen führen in ein rosa, doch keineswegs plüschiges Ambiente mit Kronleuchtern. Im Sommer plauscht man draußen an den Straßentischen.

❶146 [E3] **What else,** Rue de Palais de Justice 7, Tel. 26864755. Die Lounge-Bar liegt in einer kleinen Gasse direkt am alten Justizpalast, keine zwei Minuten vom Fischmarkt entfernt. Sie verwandelt sich abends in eine kleine Tanzstätte.

❯ **Informationen** zur Homoszene in Luxemburg und zur Schwulenparade Gaymat: **www.gay.lu**

062lu Abb.: jr

SICHERHEIT

Luxemburg ist eine **ausgesprochen sichere Stadt.** Zwar ist die Zahl der Taschen- und Autodiebstähle in den letzten Jahren angestiegen, dennoch taucht Luxemburg in den Rankings der europäischen Kriminalitätsstatistiken nur ganz am Ende auf. Gerade einmal 365 **Diebstähle** wurden im Jahr 2009 im gesamten Land Luxemburg gezählt, das ist aufs Jahr umgerechnet genau ein Diebstahl pro Tag.

Der Ort, an dem man trotz dieser Zahl in der Stadt Luxemburg abends auf Taschendiebe achten sollte, ist die Gegend rund um den Hauptbahnhof. Wertsachen gehören auf jeden Fall in den Safe des Hotels.

SPORT UND ERHOLUNG

JOGGEN

Luxemburg ist eine der wenigen Städte, in denen es geführte Stadtbesichtigungen als gemeinschaftliches Joggingerlebnis gibt. **Jog'n see** (s. S. 125) nennt sich die kostenpflichtige Veranstaltung des Luxembourg City Tourist Office. Doch natürlich kann man auch kostenlos alleine oder zu zweit

läuferisch in der City glücklich werden. Am entspanntesten läuft es sich unten im Grund und in Clausen **entlang der Pétrusse,** wo man bereits am frühen Morgen läuferisch auf zahlreiche Mitgesinnte trifft.

Ein beliebter **Startpunkt** ist das Maierchen, was so viel bedeutet wie „kleine Mauer". Von diesem ehemaligen Wehrgang an der Ulrichstraße läuft man dann durch eine flache, parkähnliche Landschaft gen Westen. An der Rue de la Vallée, vier Kilometer weiter östlich, gibt es eine kleine Brücke, die den Wechsel auf die andere Seite des Flüsschens erlaubt. Sehr gut läuft es sich auch oben entlang der Festungsmauer des Fort Thüngen **42**. Hier erhält man während des Joggens wunderbare Ausblicke auf die Unterstadt und das Panorama der gegenüberliegenden Talseite.

FUSSBALL SCHAUEN

Im FIFA-Ranking kletterte die luxemburgische Nationalmannschaft nach einem Auswärtssieg in der WM-Qualifikation gegen die Schweiz zwischenzeitlich auf ihre bislang beste Platzierung 127, liegt nun also zwischen Bermuda und Kuwait. Dies löste zwar kurzfristig eine wahre Fußballeuphorie im Lande aus, in den einschlägigen Fußballkneipen der Hauptstadt laufen dennoch vorwiegend Spiele der englischen, deutschen, italienischen oder portugiesischen Ligen.

❭ **Urban** (s. S. 32). Das Flaggschiff aller fußballzeigenden Kneipen im Herzen der Altstadt, direkt am Fischmarkt gelegen.

063lu Abb.: jr

◀ *In Luxemburg werden Jogger mit tollen Stadtpanoramen belohnt*

Gezeigt werden entsprechend der vorwiegend britischen Klientel Spiele der britischen Premier League, aber auch Champions-League- und Rugby-Partien. Wünsche der Gäste können vorab unter der Adresse info@urban.lu eingereicht werden.

❯ **The Tube** (s. S. 32). Echt britisch geht es im Tube zu. Wenn es im Urban zu voll sein sollte, die kleinere Kneipe Tube ist nur eine Minute entfernt zu finden, einfach den Berg hinunter.

⓿**147** [E3] **Bistro d'Art-Scene,** Rue Sigefroi 6, Tel. 228363. Wesentlich ruhiger als im Urban geht es hier zu, zudem herrscht kein vergleichbares Gedränge. Übertragungen verschiedener Fußballligen auf mehreren, sehr gut einsehbaren Flachbildschirmen.

SPRACHE

Das luxemburgische Volk spricht **drei gleichberechtigte Amtssprachen, Deutsch, Französisch und Lëtzebuergesch,** wobei letztere von jeher als Ausdruck kultureller Eigenständigkeit gegenüber Deutschland und Frankreich gesprochen und dessen gute Beherrschung nach wie vor als gesellschaftlicher Vorteil gesehen wird. Mit Deutsch kann man sich eigentlich überall in der Hauptstadt durchschlagen, weil es immer jemanden in der Nähe gibt, der des Deutschen mächtig ist. Lëtzebuergesch ist allerdings die **Integrationssprache** Nummer eins im Land und wird von hier geborenen Menschen mit portugiesischer, italienischer und

064lu Abb.: jr

▶ *Lëtzebuergesche Begriffe an einer Wand des Nationalmuseums* ❶. *Einer davon bedeutet übrigens Kartoffel.*

kapverdianischer Abstammung gleichermaßen als erste Sprache akzeptiert und gesprochen.

Die luxemburgische Sprache ist mit der moselfränkischen Mundart auf deutscher Seite verwandt. Die Sprache stand jahrhundertelang unter dem Einfluss unterschiedlichster Besatzungsmächte und so darf es nicht verwundern, wenn das Lëtzebuergesch **Begriffe aus vielen Sprachen assimiliert** hat – oft so gut, dass selbst eingefleischte Luxemburger

LITERATURTIPP

Sprechführer Lëtzebuergesch
Vom Autor dieses CityTrips ist in der Kauderwelsch-Reihe des REISE KNOW-How Verlags ein Sprechführer „**Lëtzebuergesch – Wort für Wort**" erschienen. Der Sprechführer orientiert sich am typischen Reisealltag und vermittelt auf anregende Weise das nötige Rüstzeug, um ohne lästige Büffelei möglichst schnell mit dem Sprechen beginnen zu können, wenn auch vielleicht nicht immer druckreif. Besonders hilfreich sind hierbei die Wort-für-Wort-Übersetzungen, die es ermöglichen, mit einem Blick die Struktur und „Denkweise" der jeweiligen Sprache zu durchschauen.

nicht wissen, woher der Begriff nun eigentlich stammt.

Bereits beim Wort *Präbbeli* ist es nicht ganz so einfach, denn dem luxemburgischen Regenschirm sieht man die französische Herkunft *(parapluie)* nicht auf den ersten Blick an. Noch kryptischer wird es beim berühmten Fluch „Nondikass". Er stammt nämlich aus der Zeit der spanischen Besetzung und bedeutet „Sag das nicht!". Luxemburgisch kann mitunter sogar klingen wie Chinesisch. Ein schönes Beispiel hierfür ist der Satz: „Ming pei, ding pei un ooch him seng pei" – „Mein Geld, dein Geld und auch sein Geld".

Eine kleine Sprachhilfe findet sich im Anhang dieses CityTrips (s. S. 134).

STADTTOUREN

STADTRUNDFAHRTEN

Beim ständigen Auf und Ab in Luxemburg-Stadt bietet es sich an, sich auf einer Stadtrundfahrt zuerst einmal einen Überblick über die Sehenswürdigkeiten der Unter- und Oberstadt zu verschaffen. Anschließend empfiehlt sich aber unbedingt, einen der vielen interessanten Stadtrundgänge zu machen.

❭ **Hop-on-hop-off-Bustour:** Um sich einen ersten Überblick zu verschaffen, eignen sich am besten die zweistündigen Rundfahrten mit den grünen oder roten stadteigenen Sightseeing-Bussen. Man kann jederzeit zusteigen und dort, wo es einem gefällt, wieder aussteigen. Im Rhythmus von 20 Min. steuern die Busse alle wichtigen Sehenswürdigkeiten vom Großherzoglichen Palais über die Unterstadt Clausen bis hin zum Kirchberg-Plateau an. Die Tickets sind 24 Stunden lang gültig, die Busse barrierefrei. Die Stadtbilderklärungen werden in Deutsch und in sieben weiteren Sprachen angeboten, u. a. in Luxemburgisch. Falls es regnet, erhält man einen kostenlosen Regenponcho. Der Preis für ein Ticket liegt bei 14 € für Erwachsene, Kinder von 4 bis 15 Jahren zahlen 7 €, Senioren und Studenten 11 €. Es gibt auch ein Familienticket für 35 €. Die Tickets erhält man direkt im Bus, in der Touristeninformation und an den meisten Hotelrezeptionen. Die Busse starten in folgenden Zeitfenstern alle 20 Minuten vom Place de la Constitution [D4]: 19.03.–13.06. tgl. 9.40 bis 17.20 Uhr, 14.06.–14.09. tgl. 9.40 bis 18.20 Uhr, 15.09.–02.11. tgl. 9.40 bis 17.20 Uhr.

❭ **Pétrusse Express:** Dieser kleine Zug (auf Rädern) fährt durch die Unterstadt Grund und entlang dem Fluss Pétrusse. Auf der etwa einstündigen Fahrt erfährt man u. a. einiges über die luxemburgische Seejungfrau Melusina (s. S. 92). Die Bahn fährt vom 27.03. bis zum 31.10. täglich zwischen 10 und 18 Uhr, Abfahrt und

065lu Abb.: jr

◀ *Die praktischen Hop-on-hop-off-Busse erlauben den Ein- und Ausstieg an zahlreichen Punkten der Stadt*

Ticketverkauf am Place de la Constitution [D4]. Der Preis für ein Ticket liegt bei 8,50 € für Erwachsene, Kinder zwischen 4 und 15 Jahren zahlen 5 €, es gibt auch ein Familienticket für 27 €. Gruppentarife werden auf Anfrage gewährt. Es gibt auch verbilligte **Kombi-Tickets,** mit denen man die Hop-on-hop-off-Tour und die Fahrt mit dem Pétrusse Express kombinieren kann.

STADTRUNDGÄNGE/-LÄUFE

Luxemburg geht in die Beine, keine Frage. Doch auf keinen Fall sollte man sich eine der vielen geführten Stadtrundgänge entgehen lassen, die sich die kreativen Köpfe der Stadt nahezu jährlich neu ausdenken. So gibt es neben einem Goethe- und einem Wenzel-Rundweg nun auch einen Rundweg, der berühmte Frauen des Landes in den Mittelpunkt stellt, sowie eine geführte Jogging- und eine kulinarische Tour durch die Stadt. Alle nachfolgend genannten Touren werden vom Luxembourg City Tourist Office veranstaltet, Karten können im Büro am Place Guillaume erworben werden (s. S. 115). Wer Interesse an einer Tour auf den Spuren des Festungsbauers Marquis von Vauban oder des europäischen Vordenkers Robert Schuman hat, sollte sich erkundigen, ob die entsprechenden Rundwege gerade angeboten werden.

› Der Veranstalter lädt bei seiner läuferischen Veranstaltung **Jog'n See** dazu ein, die luxemburgische Hauptstadt „laufend" zu erkunden. Man konzentriert sich während der joggenden Stadtbesichtigung vor allem auf die Parks und die Bauten des UNESCO-Weltkulturerbes. Die Joggingtour führt durch die schönsten Grünflächen der Hauptstadt und nimmt sich genügend Zeit, damit

die Läufer auch Panoramablicke auf die Festungsanlagen genießen können. Die Strecke führt durch den Stadtpark, das Pétrusse- und Alzette-Tal mit den Kasematten hin zum Bockfelsen und dem Rham-Plateau. Unten im Tal bekommt man die Abtei Neumünster zu sehen und läuft dann am Ufer der Alzette entlang. Der Rückweg führt dann durch die Stadtteile Clausen und Pfaffenthal. Von der zweistündigen Tour sind etwa 75 Minuten Laufzeit. Die Teilnehmer einigen sich vorab auf einen Startpunkt, das Lauftempo und die Sprache, in der die gelaufene Führung erläutert werden soll. Maximal 15 Teilnehmer pro Gruppe, Gruppenpreis 72 €, Reservierungen beim Luxembourg City Tourist Office (s. S. 115), Tel. 222809, guides@lcto.lu.

› **Frauenleben – Frauenlegenden:** Auf diesem sehr lebendigen, zweistündigen Rundgang wird die Geschichte von herausragenden Frauen aus Luxemburg erzählt, die für bürgerliche Rechte oder politische Freiheiten gekämpft haben oder im kulturellen Leben oder sportlichen Wettbewerb ihre Frau standen. Auch mythische Gestalten wie Melusina (s. S. 92) und die Jungfrau Maria kommen nicht zu kurz. Vorgestellt werden u. a. Anne Beffort und Niki de Saint Phalle. Preis auf Anfrage.

› Der **Goethe-Reiseweg** in Luxemburg-Stadt umfasst eine zweistündige Wanderung entlang Goethes Flaniermeile. Es geht u. a. zum Fischmarkt, zum Goethe-Gedenkhaus und hinunter in den Stadtteil Grund, wo Goethe gerne mal ein gutes Glas Wein zu sich nahm. Der Preis für einen Reiseführer für max. 25 Personen beträgt 70 € (für die ganze Gruppe).

› Der **Wenzel-Rundweg** wurde vor allem für all jene konzipiert, die sich für die luxemburgische Geschichte interessieren. Der Rundgang wirbt mit dem eingänglichen Slogan „1000 Jahre Stadtgeschichte in 100 Minuten". Im Mittelpunkt dieses

Rundgangs stehen die Festungsanlagen. Auch hier beträgt der Preis für einen Reiseführer für max. 25 Personen 70 €.

› Die **Feinschmecker-Tour Luxemburg-Stadt** kombiniert kulinarische Genüsse mit Spaziergängen zu den größten Attraktionen der Stadt. Der Ess- und Reiseführer für maximal 30 Personen kostet pro Person 110 €, Dauer: ca. 4 Stunden.

› Der Rundweg **RosaLi – Die Rosen von Limpertsberg** widmet sich der luxemburgischen Hochburg der Rosenzucht, dem sehenswerten Wohn- und Studentenviertel Limpertsberg. Zu Beginn des 20. Jahrhunderts war Luxemburg bei Kennern als „Land der Rosen" bekannt. Dieser Rundgang macht klar, wieso dies so war, und führt u. a. zum Friedhof Notre-Dame, zum Park Tony Neuman und zum Rosencampus der Universität.

UNTERKUNFT

Die meisten Luxemburger Hotels sind über das **Luxembourg Tourist City Office** buchbar (s. S. 115). Die in diesem Buch aufgeführten Häuser liegen fast alle im erweiterten Zentrumsbereich. Das **Preisniveau** der Unterkünfte in Luxemburg liegt leicht über dem in Paris, sprich: Günstige Bed-and-Breakfast-Unterkünfte oder Pensionen sowie günstige Hotels unter 50 € sind grundsätzlich nicht zu finden – bis auf die sehr empfehlenswerte Jugendherberge.

PREISKATEGORIEN

€	bis 60 €
€€	60–100 €
€€€	über 100 €

(Preis für ein DZ pro Nacht)

HOTELS

Im Zentrum

🏨**148** [B4] **Albert Premier** €€€, Rue Albert Premier 2a, Tel. 4424421, Fax 447441, www.albertpremier.lu. Edles, sehr ruhiges Designerhotel der absoluten Luxuskategorie mit 40 Zimmern und Suiten. Die meisten Räume sind hochmodern ausgestattet, es gibt aber auch 10 Zimmer im „altenglischen Stil". Hauseigenes italienisches Restaurant und Wellnessbereich mit Sauna, eigener gemütlicher Bibliotheksraum. Internetanschluss in allen Zimmern.

🏨**149** [E6] **Best Western Hotel International** €€–€€€, Place de la Gare 20–22, Tel. 485911, Fax 493227, www.hotelinter. lu. Gleich gegenüber dem Hauptbahnhof liegt dieses Haus mit 70 Zimmern (35 Nichtraucherzimmer), Restaurant, eigenem Parkplatz und Internetanschluss auf allen Zimmern.

🏨**150** [E6] **Carlton** €€€, Rue de Strasbourg 7–9, Tel. 299660, Fax 299664, www. carlton.lu. Gutes Cityhotel in der Nähe des Hauptbahnhofs mit 50 schallisolierten Zimmern.

🏨**151** [E6] **Cityhotel** €€–€€€, Rue de Strasbourg 1, Tel. 291122, Fax 291133, www.cityhotel.lu. Fünf Minuten vom Hauptbahnhof entferntes Hotel mit eigener Tiefgarage, Wellness- und Fitnessbereich. Modern eingerichtete Zimmer mit WLAN.

🏨**152** [C1] **Grand Hotel Victor Hugo** €€–€€€, Avenue Victor Hugo 3–5, Tel. 2227440, Fax 26864730, www.grandhotelvictor hugo.lu. Dieses Hotel in unmittelbarer Nähe des Glacis und der Roten Brücke verfügt über 40 Zimmer und 5 Suiten, die

▶ *Edles Design im ruhigen und noblen Hotel Albert Premier*

alle modern gestaltet sind. Außerdem verfügt das Haus über einen Wintergarten, eine Sauna und eigene Parkplätze.

🏠**153** [D2] **Le Royal** €€€, Boulevard Royal 12, Tel. 2416161, Fax 225948, www.hotelroyal.lu. Edelherberge der oberen Kategorie mit 210 Zimmern. Allen erdenklichen Luxus gibt es im „Royal-Club-Flügel". Zwei eigene Restaurants mit französischer Küche und eine Pianobar. Alle Zimmer verfügen über Highspeed-Internetzugänge.

🏠**154** [E3] **Parc Beaux-Arts** €€€, Rue Sigefroi 1, Tel. 2681761, Fax 26817636, www.parcbeauxarts.lu. Wunderschön ausgestattetes Altstadthotel direkt am Fischmarkt im sehr eleganten Retrolook. Alle 10 Nichtrauchersuiten des Hauses haben Parkettboden, sind aber sonst individuell gestaltet und mit interessanten Kunstwerken ausgestattet. Der Zimmerservice erfolgt rund um die Uhr und auf Wunsch gibt es eine Führung in den historischen Keller des Hauses, in dem man bei archäologischen Grabungen Interessantes entdeckt hat. Eigenes Bistro

und doppelverglaste Fenster, die Ruhe garantieren.

🏠**155** [A4] **Parc Belair** €€€, Avenue de 10. Septembre 111, Tel. 4423231, Fax 444484, www.parcbelair.lu. Zehn Minuten von der Altstadt entfernt liegt dieses ruhige Haus am Rande eines Parks. Alle 39 Zimmer und 14 Suiten sind mit weichem Teppichboden versehen. Eigenes französisch inspiriertes Bistro und Pianobar. Nach hinten gelangt man aus dem Frühstücksraum direkt ins Grüne. Im Park liegt auch ein hoteleigener Pavillon mit Terrasse am Wasser.

🏠**156** [D4] **Simoncini** €€€, Rue Notre-Dame 6, Tel. 222844, Fax 26262900, www.hotelsimoncini.lu. Gleich neben dem Art-Hotel Simoncini befindet sich die gleichnamige Galerie, was die Ausrichtung dieses sehr zentral gelegenen Hotels verdeutlicht. Bereits in der Eingangshalle findet man Werke namhafter zeitgenössischer Künstler. Alle Zimmer sind modern gestaltet und bieten allen Luxus, den man sich von einem Hotel dieser Kategorie erwünscht.

066iu Abb.: jr

Knapp außerhalb des Zentrums

🏠 **157** Ibis Luxembourg Airport €-€€, Route de Treves, Findel, Tel. 438801, www.ibishotel.com. Eines der günstigsten Hotels der Stadt Luxemburg, Zimmer gibt es hier schon ab 59 € pro Nacht. Das 2-Sterne-Haus liegt direkt am Flughafen und unterhält einen eigenen, kostenlosen Shuttleservice zur Abflughalle. Auf der Website kann die Verfügbarkeit freier Hotelzimmer eingesehen werden. Auch die Tage, an denen günstige Hotelzimmer zu bekommen sind, sind online ersichtlich.

🏠 **158** [F2] Meliá €€€, Park Dräi Eechelen 1, Tel. 0273331, Fax 27333999, www.melia-luxembourg.com. Die Tendenz der Hotellerie im Stadtzentrum Luxemburgs geht immer mehr in Richtung Art-Hotel, selten jedoch wird das Hotel selbst bereits zur Kunst. Beim Hotel Meliá ist das der Fall. Nahtlos fügt sich die Architektur in das Ensemble rund um das Museum MUDAM ein, zu dem es nur ein paar Schritte sind. Da das Meliá über der Stadt liegt, sollte man bei der Buchung darauf achten, die Zimmer auf der Südostseite zu ergattern, da man von hier aus, insbesondere am Abend, einen wunderschönen Ausblick hinunter auf die Altstadt genießen kann. Das Hotel liegt jeweils 5 Kilometer vom Flughafen und der Altstadt entfernt und verfügt über zwei eigene Restaurants, 160 Doppel-de-luxe-Zimmer und eine Grand Suite.

🏠 **159** [ei] Romantik-Hotel Hostellerie de Grunewald €€-€€€, Route d'Echternach 10–16, Tel. 431882, Fax 420646, www.hotel-romantik.com. Dieses Hotel unterscheidet sich von allen anderen bisher genannten: Es liegt am nördlichen Stadtrand in einem eher dörflichen Umfeld, zum Waldgebiet Bambësch sind es nur fünf Autominuten. Eine hübsch und ruhig gelegene Unterkunft im Grünen mit 25 Zimmern auf zwei Etagen. Die modern eingerichteten Räume verfügen über Internetanschluss, Kabel-TV und Safe. Hunde sind durchaus erwünscht. Die Spezialität des Hotels ist seine Gastronomie, die bereits mehrfach ausgezeichnet wurde. Das Romantik-Hotel bietet spezielle Gourmet-Wochenenden an, deren aktuelle Menüfolge man auf der Webseite einsehen kann. Das geht, angesichts luxemburgischer Dimensionen, nicht unbedingt ins Geld: Im Sommer 2010 kosteten zwei Übernachtungen inklusive Frühstück und zweier fünfgängiger Menüs etwa 170 € pro Person.

🏠 **160** [ek] Sofitel Luxembourg Europe €€-€€€, Rue du Fort Niedergrünewald 6, Tel. 437761, Fax 425091, www.sofitel.lu. Inmitten zahlreicher europäischer Institutionen ist dieses Hotel auf dem Kirchberg-Plateau durchaus eine Überraschung. Die Preisgestaltung ist für

067/u Abb.: jr

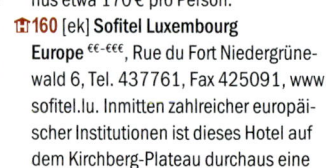

◀ *Leben wie im Dorf, am Nordrand der Stadt: das Romantik-Hotel Hostellerie de Grunewald machts möglich*

Luxemburger Verhältnisse moderat und das hauseigene Restaurant „Le Stübli" gehört zu den besten der Stadt. Rund um das große Atrium gruppieren sich 109 Zimmer, dazu drei Restaurants und eine Habana Lounge, in der man ungestört und stilvoll rauchen kann.

BED AND BREAKFAST, PENSIONEN

Wirklich günstige Pensionen unter 50 € sind in Luxemburg-Stadt nicht zu finden, auch nicht zur Nebensaison. Gelegentlich gibt es Werbeaktionen der oben genannten Hotels. Wer jedoch preiswert übernachten möchte, sollte die Stadt Luxemburg verlassen. Das Land Luxemburg ist nicht groß und bereits 30–40 Autominuten entfernt kann man im Grünen günstige Pensionen finden. Hier zwei Beispiele:

☎**161 Hotel Dirbach Plage** ℰ, Dirbach, Tel. 26959239, www.dirbach.eu. Dieses Landhotel, direkt am Fluss Sauer gelegen, bietet viel Ruhe und Natur und ist ideal für Forellenangler und Wanderer. Das Haus bietet Kanu- und Mountainbiketouren an. Die Zimmer auf der Terrassenseite haben den schönsten Ausblick direkt auf den Fluss.

☎**162 Hôtel de la Sûre** ℰ–ℰℰ, Rue du Pont 1, Esch-sur-Sûre, Tel. 00352-839110, www.hotel-de-la-sure.lu. Eine weitere, relativ preiswerte Alternative zu den teuren Stadthotels ist dieses Hotel in Esch an der Sauer (Esch-sur-Sûre), ca. 30 Autominuten von Luxemburg-Stadt entfernt. Denn wer hier ein Zimmer (mit Frühstücksbüfett) bucht, kann auch Jacuzzi und Dampfbad kostenlos benutzen. Auf die Miete von Mountainbikes, Ruderbooten und Kanus gibt es 50 % Rabatt. Ein schönes Hotel für all diejenigen, die die Ruhe lieben und gerne Wassersport betreiben.

JUGENDHERBERGE

☎**163** [F3] **Jugendherberge Luxembourg City-Hostel** ℰ, Rue du Fort Olisy 2, Dirbach, Tel. 22688920, Fax 223360, www.youthhostels.lu. Keine normale Jugendherberge, sondern ein echter Tipp! Die noble Variante einer Jugendherberge in der Luxemburger Unterstadt hat bereits einen Preis als eine der besten Herbergen Europas gewonnen. Zum Essen besuchen sogar Luxemburger aus der Oberstadt die hübsche Terrasse des Hostels im Tal, um hier bei wirklich schmackhaften Gerichten die schöne Aussicht auf die Festungsanlage zu genießen. Auf Wunsch werden Gäste für 3 € mit einem Shuttle vom Hauptbahnhof abgeholt. Stellplätze für Fahrräder sind ebenso vorhanden wie kostenfreie Pkw-Parkplätze. In der Empfangshalle hat man Internetempfang. Die Herberge bietet nicht nur Mehrbettzimmer, sondern auch Einzelzimmer an, diese sind jedoch am besten telefonisch vorzubuchen.

CAMPINGPLÄTZE

⚠**164 Campingplatz Bon Accueil,** Rue de Camping 2, 5815 Alzingen, Tel. 367069, Fax 26362199, geöffnet vom 1.4. bis 15.10. Fünf Kilometer von der Stadt Luxemburg entfernt liegt dieser Campingplatz direkt am Ufer des Flusses Alzette. Der Platz hat eine biologische Kläranlage für Wohnmobile, einen eigenen Spielplatz und bietet 100 Zeltplätze an.

⚠**165 Campingplatz Kockelscheuer,** Route de Bettembourg 22, Tel. 471815, Fax 401243, geöffnet vom 4.4. bis 31.10. Ruhig gelegener Campingplatz im Stadtteil Kockelscheuer direkt am Waldrand mit Tennisplatz und 161 Stellplätzen für Zelt, Caravan oder Wohnmobil.

⚠**166 Europacamping Nommerlayen,** Rue Nommerlayen, 7465 Nommern, http://nommerlayen-ec.lu, Tel. 878078,

Fax 879678, geöffnet vom 1.2. bis 1.12. Dieser Campingplatz liegt zwar 26 Kilometer von Luxemburg entfernt, bietet dafür aber allen erdenklichen Luxus. So kann man hier Holzhäuser und Mobilheime mieten, es gibt u. a. ein Internetcafé, eine Bowlingbahn, ein geheiztes Sommerbad, private Badezimmer, Dampfbad und eine Sauna. Die behindertengerechte Anlage wurde mehrfach als bester Campingplatz Europas ausgezeichnet.

VERHALTENSTIPPS

> Touristen sollten es vermeiden, in Luxemburg ständig auf die vermeintliche, vor allem sportliche **Größe ihrer Nation** hinzuweisen. Natürlich hat sich das luxemburgische Fußballteam nicht für die Fußball-WM qualifiziert. Und die luxemburgischen Leichtathleten treten auf der Olympiade der kleinen Staaten gegen Länder wie Andorra und Liechtenstein an. Dennoch hat Luxemburg auch sportlich etwas zu bieten, vor allem im Radfahren (Gebrüder Schleck).
> **Luxemburgisch ist kein Dialekt**, kein deutscher und auch kein französischer! Es ist eine eigene Sprache, die vom Deutschen so weit entfernt ist wie das Niederländische. Etwaige Hinweise auf eine deutsche Mundart sind daher fehl am Platz.
> Die **Mittagspause** ist den Luxemburgern heilig. Zwischen 12 und 14 Uhr sollte man Behördengänge und den Ausflug zur Bank vermeiden. Die Belegschaft findet man mit Sicherheit in einem der vielen Cafés, Restaurants oder Bistros der Altstadt.
> Erstaunlicherweise ist der **Sonntag** in Luxemburg ein **echter Ruhetag**. Dies gilt leider auch für die allermeisten Restaurants, Cafés und Märkte. Wer also am Wochenende hungrig nach Luxemburg-Stadt kommt, sollte unbedingt die in diesem Buch befindlichen Hinweise auf sonntags geöffnete Restaurants beachten (s. S. 25).

VERKEHRSMITTEL

BAHN

Das luxemburgische Eisenbahnnetz der CFL *(Société Nationale des Chemins de Fer Luxembourgeois)* ist ausgezeichnet mit dem Busliniennetz abgestimmt. Auf den Hauptstrecken verkehren die Züge im Einstundentakt. Es gibt Wochenendermäßigungen für Einzelpersonen und Gruppen innerhalb der Benelux-Staaten sowie Tageskarten (kombiniert für Bahn und Bus).
> Weitere **Informationen:** www.cfl.lu

STADTBUSSE

In Luxemburg-Stadt gibt es **Linienbusse**, **Nachtbusse** und sogenannte **Shopping-Busse**, die zwischen am Stadtrand gelegenen Parkplätzen und dem Stadtzentrum pendeln. Ein Einzel-Kurzstreckenfahrschein ist zwei Stunden lang für eine Strecke von

> EXTRAINFO
> *Die Tram*
> *kommt nach Luxemburg*
> In der Innenstadt von Luxemburg wird es aller Voraussicht nach zukünftig eine **Straßenbahn** geben. Das beauftragte britische Unternehmen peilt hierfür das Jahr 2015 an. Der Verlauf der Tramtrasse soll vom Hauptbahnhof durch das Stadtzentrum über den Glacis-Platz zum Kirchberg und zum LuxExpo-Messegelände als Endstation führen.

LuxembourgCard

Ideal für Luxemburg-Besucher, die einige Tage in der Stadt bzw. im Land verbringen wollen, ist die **LuxembourgCard**. Sie berechtigt zur **kostenlosen Nutzung aller öffentlichen Verkehrsmittel** innerhalb des Großherzogtums und zum **freien Eintritt in bzw. Zugang zu über 60 kulturellen Sehenswürdigkeiten und Freizeitaktivitäten**, u. a. zu einem Besuch des Casinos ⑭, des MUDAM ㊶, des Nationalmuseums ❼, der Villa Vauban ㉚ und der Bockkasematten ❷. Darüber hinaus kann man mit dem Pass auch an einer geführten Stadtwanderung teilnehmen.

Außerhalb der Hauptstadt lassen sich mit der Card u. a. eine Edelsteinschleiferei, das Schloss in Vianden und einige Sektkellereien besichtigen. Wer einen Besuch in der ältesten Stadt Deutschlands auf seiner Luxemburg-Reise mit einbeziehen möchte, hat mit der LuxembourgCard sogar Anspruch auf eine geführte Stadtbesichtigung in Trier.

Die Karte ist von Ostern bis zum 31. Oktober gültig. Alle im Prospekt der Karte genannten Sehenswürdigkeiten können während der Gültigkeit der LuxembourgCard unbegrenzt oft besucht werden. Man erhält die Karte bei Fremdenverkehrsbüros (s. S. 115), in Hotels und im Internet unter www.ont.lu/card-de.html.

› **Preis** für eine Person: 1 Tag 10 €, 2 Tage 17 €, 3 Tage 24 €, für 2–5 Personen: 1 Tag 20 €, 2 Tage 34 €, 3 Tage 48 €

---

maximal 10 km gültig und kann für Fahrten sowohl mit Stadt- und Landbussen als auch mit Zügen verwendet werden.

› **Tarife:** Einzelticket 1,50 €, 10er-Fahrkartenblock 12 €, Tagesticket 4 €, 5er-Tagesticket im Block 16 €, Monatsticket 22,50 €, Monatsticket auf allen Verkehrsnetzen (Bus und Bahn) für das gesamte Land Luxemburg 45 €
› **Busfahrpläne und Tarife:**
www.autobus.lu

TAXI

Luxemburger Taxis dürfen die speziell eingerichteten Busspuren mitbenutzen und bleiben daher selbst zur Rushhour seltener im Stau stecken. Der Kilometer kostet 1,02 €, in der Nacht zwischen 22 und 6 Uhr zahlt man 10 und sonntags 25 Prozent mehr. Die Mindestgebühr beträgt 2,47 €. Die Fahrt vom Flughafen Findel (s. S. 111) bis zur Innenstadt dauert etwa 15 bis 20 Minuten und ist für 20 bis 25 € zu haben. Der Transport eines Gepäckstücks (Tasche, Koffer) ist im Fahrpreis enthalten, für jedes weitere Gepäckstück fällt ein Zuschlag von 0,75 € an. Hier folgt eine Auswahl von Taxi-Unternehmen:

› **Benelux Taxis:** Tel. 403840
› **Central City Taxi:** Tel. 480058
› **Colux Taxi:** Tel. 482233
› **Inter-Taxis:** Tel. 405252

WETTER UND REISEZEIT

Das Großherzogtum Luxemburg ist bekanntermaßen vergleichsweise klein. Das **Klima** ist landesweit also relativ einheitlich und ähnelt dem Wetter in der Weinanbauregion Mosel, das durchschnittlich etwas wärmer ist als im übrigen Deutschland. Dass auch mitten in der Hauptstadt Wein angebaut wird, spricht für die **klimatisch bevorzugte Lage** der Stadt Luxemburg. Nur wer auch in den Norden von Luxemburg, also in

die Ardennen-Region fährt, muss mit kälterem Wetter rechnen. Auch regnet es in den Ardennen, im sogenannten *Éisleck,* häufiger. Die wärmsten Gegenden der Stadt Luxemburg liegen unten im Grund, in Clausen und Pfaffenthal, wo die Reflexion der Felsen auch den Weinanbau am meisten begünstigt.

Die **wärmsten Monate** sind die Sommermonate Juli und August. Dann kann es zwar sehr warm werden, die Temperaturen steigen aber selten über die 30-Grad-Marke. Die meisten **Sonnenstunden** pro Tag gibt es in den Monaten Mai bis August, dann scheint 8 bis 10 Stunden pro Tag die Sonne. Der kälteste Monat des Jahres ist der Januar, um diese Zeit liegen die durchschnittlichen Temperaturen bei -2 Grad Celsius. In den Wintermonaten Januar, Februar und März gibt es mit durchschnittlich 18 Tagen pro Monat auch die meisten Regentage.

Die **ideale Reisezeit** für Luxemburg-Stadt liegt demnach zwischen April – übrigens der Monat mit den wenigsten Niederschlägen – und Oktober. Auch die Planer der Feste und Festivals, der Märkte und Musikveranstaltungen legen ihre fast durchweg kostenlosen Veranstaltungen in diese wärmere Zeit. Ein besonderes Erlebnis in der kalten Jahreszeit ist der **Weihnachtsmarkt** der Stadt und falls man Ende Dezember einen Ausflug nach Luxemburg einplanen kann, sollte man sich dieses Vergnügen auf keinen Fall entgehen lassen.

▲ *Die günstigen klimatischen Bedingungen an der östlichen Luxemburger Landesgrenze ermöglichen den Anbau edler Reben*

ANHANG

KLEINE SPRACHHILFE LËTZEBUERGESCH

Sicherlich, die Schreibweise des Lët-zebuergeschen hat so seine Tücken. Doch die **Aussprache** der Wörter ist für deutschsprachige Besucher gar nicht so schwierig. Am leichtesten und schnellsten lernt man die Ausdrücke für „Guten Morgen", „Guten Tag", „Guten Abend", „Hallo" und „Gute Nacht", denn all diese Gruß-formeln heißen auf Luxemburgisch schlicht und ergreifend: **„Moïen".**

Wobei man die erste Silbe betont und dann mit der Stimme abfällt, so-wie das i und das e mit den beiden Pünktchen (auf Luxemburgisch *Tëppelcher*) getrennt ausspricht, also nicht als deutsches „ie". Mit einem schön ausgesprochenen und gedehn-ten *Moi-ën* bzw. auch einem *Bonjour* kommt man in Luxemburg schon sehr weit.

ZAHLEN

1	*eent*
2	*zwee*
3	*dräi*
4	*véier*
5	*fënnef*
6	*sechs*
7	*siwen*
8	*aacht*
9	*néng*
10	*zéng*
11	*elef*
12	*zwielef*
13	*dräizéng*
14	*véierzéng*
15	*fofzéng*
16	*siechzéng*
17	*siwwenzéng*
18	*uechtzéng*
19	*nonzéng*
20	*zwanzeg*
30	*drësseg*
40	*véierzeg*
50	*fofzeg*
60	*siechzeg*
70	*siwwenzeg*
80	*uechtzech*
90	*nonzeg*
100	*honnert*
1000	*dausend*

DIE WICHTIGSTEN FRAGEWÖRTER

wer?	*wien?*
was?	*wat?*
warum?	*fir wat? woufir?*
welche(r)	*wat fir eng / een?*
wie viel?	*wivill?*
wie?	*wéi?*
wann?	*wéini?*
wo?	*wou?*
woher?	*vu wou? wouhir?*
wohin?	*wuer? wouhin?*

DIE WICHTIGSTEN REDEWENDUNGEN

Auf Wiedersehen!, Tschüss!	*Awar!, Äddi!*
Danke!	*Et as gär geschitt!, merci!*
Bitte (um etwas bitten)	*Wann ech glift (w.e.g.)*
Entschuldigung!	*Entschëllegt!, Pardon!*
Guten Appetit!	*Gudden Appetitt!*
Ja	*Jo*
Nein	*Nee*
Ich heiße …	*Ech heeschen …*

Wie viel kostet das?	*Wat kascht dat?*
Wie komme ich nach Vianden?	*Wëi kommen ech op Veianen?*
Wie komme ich zum Bahnhof?	*Wëi kommen ech op de Gare?*
Wo finde ich ...?	*Wou fannen ech ...?*
Sprechen Sie Deutsch?	*Schwetzt Dir däitsch?*

NICHTS VERSTANDEN? – WEITERLERNEN!

Wie bitte?	*Wat gelift?*
Was hast du gesagt?	*Wat sees du?*
Ich verstehe sie nicht so gut.	*Ech verstin lech nët gutt.*
Ich spreche nur ein bisschen Luxemburgisch.	*Ech schwätzen just e bësse Lëtzebuergesch.*
Ich würde gerne Luxemburgisch mit Ihnen/Dir reden.	*Ech géing gäre Lëtzebuergesch mat lech/dir schwätzen.*
Wie spricht man das aus?	*Wéi schwätzt een dat aus?*
Wie sagt man das auf Luxemburgisch?	*Wéi seet een dat op Lëtzebuergesch?*
Bitte wiederhole das nochmal.	*So dat do nach eng Kéier wann ech glift. (w.e.g.)*
Kannst du / können Sie bitte ein bisschen langsamer reden?	*Kanns du / kënnt Dir e bësse méi lues schwätzen (w.e.g.)?*
Können Sie mir das bitte aufschreiben?	*Kënnt Dir mir dat (w.e.g.) opschreiwen?*
Das verstehe ich nicht.	*Do kommen ech nët no.*

REGISTER

LEGENDE DER KARTENEINTRÄGE

ZEICHENERKLÄRUNG

⑪	Hauptsehenswürdigkeit
[A7]	Verweis auf Planquadrat im Kartenmaterial
✛ ✚	Arzt, Apotheke, Krankenhaus
❶	Bar, Bistro, Klub, Treffpunkt
◑	Kneipe, Pub, Biergarten
🄑	Bibliothek
◒	Café
Ⓖ	Galerie
🛍	Geschäft, Kaufhaus, Markt
🏨	Hotel, Unterkunft
❶	Imbiss
❶	Informationsstelle
@	Internetcafé
🛏	Jugendherberge, Hostel
🄚	Kino
✝	Kirche
🏛	Museum
◓	Musikszene, Disco
🅿	Parkplatz
✉	Postamt
❶	Restaurant
★	Sehenswürdigkeit
●	Sonstiges
◐ 🎭	Theater
❷	Weinlokal

Hier nicht aufgeführte Nummern liegen außerhalb der abgebildeten Karten. Ihre Lage kann aber wie bei allen im Buch vorkommenden Ortsmarken mithilfe des Internet-Kartenservice Google Maps™ lokalisiert werden (s. Umschlagklappe).
Die GPS-Daten aller im Buch beschriebenen Örtlichkeiten stehen außerdem auf der Produktseite dieses CityTrip-Titels unter www.reise-know-how.de zum kostenlosen Download bereit.